Christian Krampulz

Tour de Flow

Die Reise meines Lebens
von der Krise ins Glück

W0233693

Christian Krampulz

Tour de Flow

Die Reise meines Lebens
von der Krise ins Glück

EDITION WORTSCHATZ

Die Deutsche Bibliothek verzeichnet diese Publikation in der Deutschen Nationalbibliografie; detaillierte bibliografische Daten sind im Internet über www.d-nb.de abrufbar.

Lektorat: Bettina Stockmayer
Umschlaggestaltung: spoon design, Olaf Johannson
Umschlagbilder: Naomi Krampulz / Portrait Rückseite Foto Keidel;
Foto Rückseite: Stefan Macinic
Satz und Herstellung: Edition Wortschatz, Cuxhaven

© 2022 Christian Krampulz

Edition Wortschatz, Sauerbruchstraße 16, 27478 Cuxhaven
ISBN 978-3-943362-78-7, Bestell-Nummer 588 978

www.edition-wortschatz.de

EDITION WORTSCHATZ

*Für meine Eltern, die mir das Leben geschenkt haben,
meine Familie, die mich auf meinem Weg begleitet,
und zur Ehre des Allerhöchsten*

„Hammer, dachte ich beim Lesen. Der Autor setzt sich in diesem Buch tiefgründig und ernst, und doch auch irgendwie grinsend mit seinen Lebensthemen auseinander: Was ist mein Lebenssinn, wie finde ich mich, mein Glück, meine Stellung und meine Liebe im Leben?"

Stephan Heesen,
Leiter einer Psychologischen Beratungsstelle

„Christian wagt nicht nur neue sportliche Wege und erlebt Abenteuer. Er lässt sich auch auf Vergebung, Heilung und Veränderung ein. — Ein ehrlicher und mutiger Einblick in sein Leben auf der Suche nach mehr und dem Flow. Ein inspirierendes Buch, nicht nur für Sportler."

Daniel Mannweiler,
Leiter SRS e.V.

„Eine beeindruckende (Fahrrad-)Reise in eine Welt des Bewusst-Werdens und Verstehens. Kaum zu glauben, dass auch ein Fahrradsattel uns helfen kann, dem menschlichen Bewusstsein und der göttlichen Gegenwart näher zu kommen."

Andreas Steiner,
Theologe und Achtsamkeitstrainer

Inhaltsverzeichnis

VORWORT

2012 setzte ich mich mit einer Kleingruppe ausrangierter Hobby-
fußballspieler zum ersten Mal aufs Mountainbike und erkundete die Wälder und Wiesen um unser Dorf herum. Es war keine
große Sache, kein Spektakel, keine Verbindlichkeit – einfach nur
das Bewegungsbedürfnis von mehr oder weniger erfolgreichen
Hobbyfußballspielern, die jenseits der 30 ihre Fußballschuhe an
den Nagel gehängt hatten.

Mein Freund Arnold schenkte mir zu meinem Geburtstag
ein Buch mit dem Titel „Flow, warum Mountainbiken glücklich
macht" von Philipp, Harald/Sirch, Simon, Verlag Delius Klasing,
Bielefeld 2015, in dem es um Flow-Erlebnisse auf dem Mountainbike geht. Damit verbunden war auch eine Einladung zu einem
Multimediavortrag zu eben diesem Thema.

Natürlich war mir damals nicht klar, dass aus diesem Samen-
korn sieben Jahre später dieses Buch entstehen sollte. Ich war 36
und suchte nach meiner Fußballkarriere Bewegung und Ausgleich
in einem neuen Sport.

Gefördert durch meine große Familie mit spiritueller Prägung
beschäftigten, oder vielleicht treffender gesagt trieben, mich
Themen der Persönlichkeitsentwicklung und Spiritualität um.

So stieß ich in meinen Krisen und in meinem Bedürfnis nach
Weiterentwicklung auf eine Reihe von Büchern, die mich
dazu inspirierten, dieses Buch über die Tour meines Lebens
zu schreiben. Treibstoff für diese Idee waren viele Flow-Erlebnisse auf meinem Fahrrad, die ich wild entschlossen auf weitere
Lebensbereiche ausdehnen wollte. Im Buch „Flow, das Geheimnis
des Glücks", Klett-Cotta, Stuttgart 2020 von Mihaly Csikszentmihalyi, das von den internationalen Forschungsergebnissen auf
diesem Gebiet berichtet, entdeckte ich wissenschaftlich nachge-
wiesene Phänomene der Glücksforschung und deren Entstehung.

Was ich las, verblüffte mich sehr, weil ich mich in meiner Weltanschauung und meiner Idee eines erfüllten und freudvollen Lebens bestätigt fühlte. Im Zentrum dieser Gedanken steht eine ausgewogene Dreiecksbeziehung zwischen einer transzendenten Kraft, meinen Mitmenschen und mir selbst. Fasziniert von dieser Übereinstimmung untersuchte ich meine Lebenserinnerungen nach Flow-Erlebnissen und deren Entstehung. Was ich entdeckte, machte mich dankbar und erfüllte mich mit Freude.

Es war, als ob ich den roten Faden meines Lebens entdeckt hätte, ein wirkliches Aha-Erlebnis.

Später erfuhr ich, dass Abraham Maslow, den viele durch seine Bedürfnispyramide kennen, bereits in den 1960er-Jahren Erfahrungen des Glücks und der Erfüllung als „Peak Experience", deutsch Gipfelerlebnis, mit übernatürlichem Ursprung wissenschaftlich beschrieb und dabei explizit auch religiöse Aspekte beleuchtete.

Zentral ist für mich die Erkenntnis beider Forscher, dass Flowoder Peak Experiences grundsätzlich für jeden erlebbar sind und durch Entwicklung und Übung begünstigt werden können.

Durch Impulse von gezielt ausgesuchten Rednern des „Flow-Summits" (Onlinekongress mit internationalen Rednern aus verschiedenen spirituellen Richtungen) entschied ich mich, meine Suche nach Freude und Erfüllung zu ordnen und autobiografisch aufzuschreiben. Mit diesem Buch und meiner nebenberuflichen Tätigkeit als „Flow-Guide" (MTB-Tourenführer) habe ich mir zum Ziel gesetzt, diese Erkenntnisse und die damit verbundene Botschaft mit möglichst vielen Menschen zu teilen.

Als Anrede unter Geschwistern, spirituellen Weggefährten und naturverbundenen Sportfreunden habe ich das direkte, aber respektvolle „Du" gewählt.

Bei den Berichten über meine Herkunft und die Radreisen durch die Slowakei, Ungarn und Rumänien verwende ich größtenteils deutsche Städtenamen, um die Lesbarkeit zu verbessern und um für Verbundenheit mit der deutschsprachigen Geschichte zu sensibilisieren.

Möge dich meine Geschichte auf deinem Weg inspirieren und ermutigen, deine Krisen und Herausforderungen in Flow-Erfahrungen, Freude und Hoffnung zu verwandeln.

EINLEITUNG

Meine Geschichte möchte ich bildhaft entlang meiner Tour des Lebens erzählen. Mit ihrem Anfang in der sicheren Heimat im Tal, wenn alles wie von selbst läuft, und ihrem Ende im noch unbekannten Ewigen. Dazwischen unterschiedlich hohe Hügel und Berge, die manchmal unüberwindbar schienen.

Jedes Kapitel beschreibt einen Berg, den ich geografisch mit dieser Lebensphase verbinde. Ich vergleiche sie mit einer Krise und der damit verbundenen Anstrengung, aber auch mit der Chance auf Weiterentwicklung und Erweiterung des Horizonts, die ich im Rückblick darin erkennen darf.

Nach Schlüsselerlebnissen auf dem Gipfel geht es gestärkt und leicht im Flow weiter.

Der Fluss, die wörtliche deutsche Übersetzung des Wortes Flow, beschreibt genau diese Leben spendende und mitreißende Kraft, die das Leben für jeden von uns bereithält, wenn wir uns mit uns selbst, unseren Mitmenschen und Gott, der allerhöchsten Kraft, verbinden.

Unterbrochen wird der Flow durch Krisen, die zu jedem Leben dazugehören. Im Bild gesprochen stehen dafür die zahlreichen Pannen, Stürze und platte Reifen auf unserer Lebenstour, an jedem Berg haben wir die Chance, die Herausforderung und den Schmerz durch Gewinn an Höhe in Energie umzuwandeln und uns wieder in den Flow zu bringen, der schließlich in unserer ewigen Heimat endet.

Eckhardt Tolle sagte in einem Vortrag: „Die Bewusstheit um den Tod ist eine wunderbare Sache." Die Bibel lehrt uns zu bedenken, dass wir sterben müssen, damit wir klug werden. Ich erlebe es als eine unglaubliche Befreiung, wenn der Tod zum Leben dazugehört, ja sogar das Leben nur durch den Tod seine Vollendung findet. Dadurch verliert er seinen Schrecken und seine Macht, die uns heimlich und hinterhältig unserer Lebensenergie und Freude beraubt.

Ich glaube an Gott, den Schöpfer aller Dinge, aber du kannst für dich gerne die Bezeichnung einsetzen, die für dich stimmig ist. Auch wenn du derzeit mit Gott nichts anfangen kannst, wirst du von diesem Buch profitieren, zumindest auf mentaler Ebene.

Im ersten Teil beschreibe ich die Energiequelle für meine Lebenstour, also die Quelle meiner Freude und Lebenskraft, und die Entstehung von Flow nach Mihaly Csikszentmihalyi.

Der Hauptteil erzählt meine Geschichte beginnend mit meiner Geburt. Entlang meiner Lebensgeschichte wende ich immer wieder die Erkenntnisse der Glücks- und Flow-Forschung an.

Schließlich nehme ich dich in zwei Etappen auf meine 1800 km lange Radreise nach Siebenbürgen in Rumänien mit, von der ich lange geträumt habe.

Was mir einst unmöglich schien, habe ich nach den Regeln des Flows geplant, trainiert und realisiert.

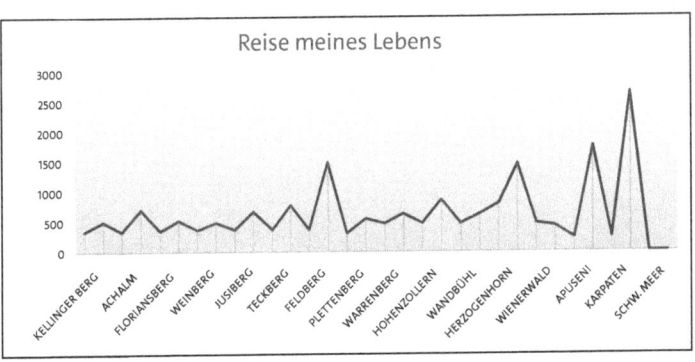

Abb. 1 Höhendiagramm, Reise meines Lebens

Ein TRAUM …

Den Spruch „A dream written down …" von Greg Reid habe ich aus dem Englischen übertragen und erweitert. Er ist eine Vorschau auf die kommenden Kapitel.

Ein TRAUM, der mit einem Datum aufgeschrieben wurde, wird zu einem ZIEL.

Ein ZIEL, aufgeteilt in einzelne Schritte, wird zu einem PLAN.

Ein PLAN, dem Taten folgen, wird zur REALITÄT.

REALITÄT, die aus eigenen Träumen entsteht, ist erfülltes LEBEN.

Ein erfülltes LEBEN, meiner Bestimmung entsprechend, ist mein GLÜCK.

BASISLAGER und *KRAFTQUELLE*

Woher kommen die Kraft und die Freude?

Der Anfang jeder Tour ist deine Heimat oder ein Basislager, wo wir Ernährung, Wasser und Kraft tanken. Täglich neu bekommen wir Energie, die wir für unsere Tagesetappen brauchen. So möchte ich in diesem Kapitel den Ursprung der tiefen Freude und des Flows beschreiben, sozusagen meine mentale Quelle. Von meinem biologischen Ursprung berichte ich dann im folgenden Kapitel.

Jesus verspricht im Johannesevangelium, Kapitel 4 (Hfa) der Frau am Brunnen: *„Wer aber von dem Wasser trinkt, das ich ihm gebe, der wird nie wieder Durst bekommen. Dieses Wasser wird in ihm zu einer nie versiegenden Quelle, die ewiges Leben schenkt."*

Ist es nicht unser aller Wunsch, dass wir mit einer unversiegbaren Quelle der Freude und des Friedens verbunden bleiben, um ein Leben in innerem Frieden und in voller Zuversicht auf das Kommende zu führen?

Damit nicht genug, im gleichen Vers verspricht Jesus: *„Dieses Wasser wird in ihm zu einer nie versiegenden Quelle …"* Das bedeutet für mich, dass wir durch die Verbindung zur Quelle unendlich viel Liebe weitergeben können, ohne Angst zu haben, selbst zu kurz zu kommen. Welch wunderbare Zusage und Ermutigung für ein liebevolles Miteinander unter uns Menschen.

Die gute Nachricht ist, dass der erlebbare Flow und seine schönen Begleiterscheinungen grundsätzlich jedem zur Verfügung stehen. Unabhängig von Religion, Geschlecht, Ethnie, Alter und Geld. Sogar körperlich stark eingeschränkte Menschen eingeschlossen, sie stufen ihre Lebensqualität ohnehin häufig viel höher ein, als wir vermuten würden. Letztendlich halte ich ihre subjektive Wahrnehmung für entscheidend.

So gesehen ist es eine Art göttliche Gerechtigkeit.

Wenn wir uns mit Flow in unserem alltäglichen Leben beschäftigen, sollten wir uns zunächst die Frage nach der Definition beantworten. Mihaly Csikszentmihalyi hat in seinem Buch „Flow, das Geheimnis des Glücks" eine sehr fundierte und umfängliche Antwort darauf gegeben, auf die sich alle, die sich mit Flow beschäftigen, stützen können.

Flow können wir als die optimale Erfahrung bezeichnen. Wir fühlen uns wohl im Hier und Jetzt, sind verbunden mit uns selbst, mit unseren nächsten Mitmenschen und mit dem Allerhöchsten in seiner Ganzheit, seiner unendlichen Liebe und transzendenten Schöpferkraft.

Die meisten werden diese Erfahrung bereits gemacht haben, ohne zu wissen, dass sie als Flow bezeichnet wird. Am leichtesten fällt es uns, Flow-Erfahrungen zu machen bei Tätigkeiten, die wir lieben, also bei unserem Hobby oder bei Aktivitäten in der Natur. Wie ich bereits angedeutet habe, sind mir die Flow-Erfahrungen der letzten Zeit beim Mountainbikefahren in der Gruppe präsent. Wir fuhren mit unserer Gruppe eine schöne Tagesrunde im Hochschwarzwald, kletterten mit letzter Kraft zum höchsten Punkt des Tages – und dann das Gipfelkreuz, das grandiose Panorama im strahlenden Sonnenlicht, die Verbundenheit mit den Jungs in der Leidenschaft und im Glück des Moments und in der Bewunderung der Schöpferkraft des Allerhöchsten, dem Ursprung allen Seins. Das war Gänsehaut pur, Weinen vor Glück und tiefe Dankbarkeit, dies erleben zu dürfen.

Mit den Worten eines Bergsteigers, zitiert: „*Kein Ort, welcher in dem Maße das Beste aus dem Menschen herausholt als eine Klettersituation [in unserem Fall Tourensituation]. Niemand hetzt dich, unter größten geistigen und körperlichen Anstrengungen den Gipfel zu erreichen … Deine Kameraden sind da, aber ihr fühlt ja alle dasselbe, ihr seid alle drin. Wem kann man im zwanzigsten Jahrhundert mehr vertrauen als diesen Leuten? Leute, welche dieselbe Selbstdisziplin anstreben wie du, welche die wahrhaft tiefe Beteili-*

gung suchen ... Ein solches Band zu anderen Menschen ist allein schon Ekstase."

Da ist es verständlich, dass der Wunsch entsteht, diese Erfahrung in den Alltag zu übertragen. Du darfst dich freuen, ja, das ist möglich!

Doch bevor ich davon erzähle, wollen wir die Zutaten für diesen herrlichen Cocktail unter die Lupe nehmen und den Geschmack etwas genauer analysieren, wie sich das für Genussmittel gehört. Vorerst die grobe Zusammensetzung von Flow:

Mihaly Csikszentmihalyi als Flow-Forscher und Professor für Psychologie an der Claremont Graduate University in Kalifornien und Gerald Hüther, deutscher Neurobiologe, bestätigen beide, was viele namhafte Wissenschaftler aus anderen Fachgebieten vor ihnen geäußert haben. Es muss eine transzendente Kraft/Macht geben. Für uns wird klar, dass es keinen Flow gibt ohne diese schwer zu definierende Kraft, die ihrer Natur entsprechend unseren Horizont übersteigt.

Flow ist ohne intakte Beziehung zu uns selbst und zu unseren Mitmenschen unmöglich.

Die Bibel beschreibt, dass Gott als schöpfende Kraft sich den Menschen als sein Ebenbild aus zwei Polen bestehend gedacht habe. Dem biblischen Schöpfungsbericht folgend schuf Gott den Menschen als sein Abbild als Mann und Frau.

In einem Vortrag definiert Gerald Hüther Flow als den Resonanzraum, den diese Dreiecksbeziehung eröffnet. Genauer gesagt eine Dreiecksbeziehung, in der alles passt, stimmig und echt ist, auf die wir uns bewusst einlassen und sie vertiefen. Zusammengefasst definiert er: Flow ist Hingabe, Kohärenz, Passung. Man könnte ihn auch als Harmonie von Sinneswahrnehmungen, Emotionen, Denken und Glauben beschreiben.

Dabei geht er davon aus, dass wir in der Kindheit im Idealfall ganz ursprünglich und natürlich spielerisch leicht im Flow leben und als Erwachsene nur lernen müssen, zu diesem Flow zurückzukehren. Wie wunderbar deckt sich aus meiner Sicht diese Aussage mit den Worten Jesu: *„Wenn ihr euch nicht ändert und werdet wie die Kinder, könnt ihr ganz sicher nicht in Gottes himmlisches Reich kommen" (Hfa).*

Unsere herausfordernde Übung besteht also nun darin, zurück in den Flow zu kommen. Wie können wir das schaffen, was eigentlich so kinderleicht ist und doch oft unerreichbar zu sein scheint?

Dieser Prozess findet nach Hüther in dieser Dreiecksbeziehung statt.

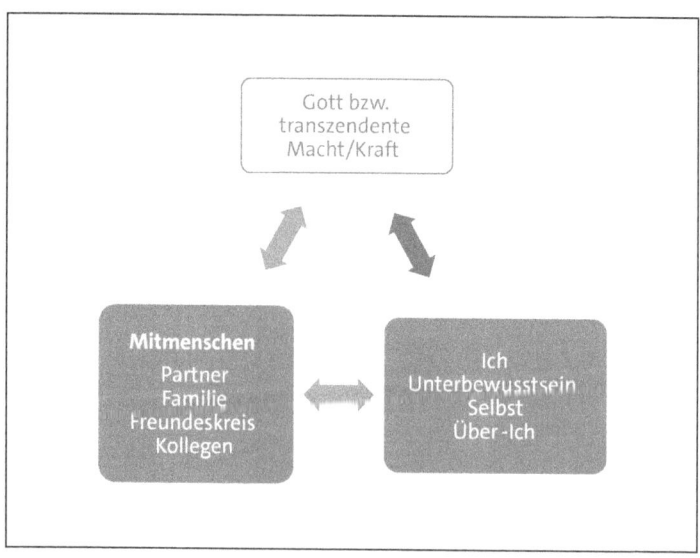

Abb. 2 Dreiecksbeziehung

Der erste Kanal ist die Verbindung zu den persönlichen Kompetenzen.

Obwohl wir uns räumlich am nächsten sind, liegt die Beziehung zu unserem Kern oft in weiter Ferne. Je nach Prägung wurden wir dazu erzogen, unser Leben stark von den äußeren Einflüssen abhängig zu machen. Wir werden abhängig von dem Willen unserer direkten Bezugspersonen oder dem Wetter oder dem Chef oder, oder, oder ... Immer ist irgendjemand oder irgendetwas schuld, dass wir uns schlecht fühlen. Das wirft generell kritische Fragen an unsere Erzieher auf, ist aber auch sehr verlockend und bequem, weil wir nicht selbst Verantwortung für unsere Gefühle, unsere Umstände, unsere Beziehungen und letztlich für unser ganzes gegenwärtiges Leben übernehmen müssen.

Doch spätestens als gänzlich erwachsene Menschen sollten wir damit aufhören und beginnen, für unsere Bedürfnisse, Wünsche und Ziele einzustehen. Dadurch werden wir zu der Persönlichkeit, die wir sein wollen und können. Wir werden zu aktiven Lebensgestaltern, zum Kapitän unseres eigenen Lebens. Und als Gegenüber Gottes übernehmen wir die Verantwortung, die er uns übertragen hat.

„Du bist heute der, der du gestern gedacht hast, heute zu sein."
(Buddha)

Dieses Zitat verdeutlicht, dass wir durch die in uns gelegten Fähigkeiten Produzenten unseres eigenen Lebens sind. Übernehmen wir selbst das Ruder, indem wir die unbewusste Fremdsteuerung aus unserer Vergangenheit entlarven und ausschalten, gelangen wir zu unendlicher Freiheit und können unser ganzes Potenzial entfalten. Dieser Gedanke fühlt sich für mich sehr befreiend an und das ist er auch.

Machen wir uns auf den Weg zu unserem wahren Kern. Dieses Buch soll ein Beitrag dazu sein, eine Vision für dein Leben zu entwickeln und diese ab heute zu leben. Warum nicht? Wie wir lernen, mehr in Achtsamkeit zu leben, ist ein wesentlicher Teil dieses Buches.

Der zweite Kanal ist die Verbindung zu unserem psychosozialen Netzwerk.

Natürlicherweise hat unsere Kinderstube einen erheblichen Einfluss auf unsere Entwicklung, doch wenn wir erwachsen werden, sollten wir den Spieß umdrehen. Wir dürfen dankbar sein für das, was war, der Wahrheit ins Auge sehen, wie unsere Beziehungen aktuell sind, und heute anfangen, unsere Beziehungen aktiv zu gestalten. Wir tun das, indem wir in Bewusstheit Verantwortung für unsere Anteile übernehmen, diese mit unserem Gegenüber kommunizieren und daraus Konsequenzen für unser gegenwärtiges Handeln ziehen. Wir werden vom gelebten zum lebenden Menschen. Jesus ermutigt, indem er uns zuspricht: *„Ich lebe, darum sollt auch ihr leben"* (Johannes 14,9).

Wir sind nicht mehr Opfer unseres schlecht gelaunten Kollegen, sondern er darf so sein, wie er ist. Wenn er mir in unangemessener Weise begegnet, kann ich ihm das zurückmelden, ohne mich selbst schlecht zu fühlen. Ändert er sein Verhalten nicht, überlege ich, wie ich zukünftig damit umgehe, um mich frei und unbelastet zu fühlen.

Nach dem Soziologen Prof. Dr. Rosa, der den Resonanzbegriff wesentlich geprägt hat, bedeutet er, *„offen genug zu sein, um sich durch andere transformieren zu lassen [denke an Musikinstrumente], aber auch gleichzeitig geschlossen genug, um selbst tönen zu können. Transformation durch Interaktion bedeutet Lebendigkeit."*

Der dritte Kanal ist die Verbindung zum Urvertrauen und Gottvertrauen, dass alles gut wird.

Die dritte Säule des optimalen Zustandes (Flow) ist die Beziehung zur übernatürlichen Energie, im wahrsten Sinne des Wortes zum unfassbaren Göttlichen. Viele Menschen glauben nicht daran, doch immer mehr Wissenschaftler bekennen sich öffentlich zum Glauben an einen Gott oder zumindest an eine transzendente Energie. Dadurch, dass sie nicht messbar, auch hier im wahrsten Sinne des Wortes unermesslich, unsichtbar ist, fällt es vielen Menschen schwer, daran zu glauben. Die Tatsache, dass eine Beziehung zum Übernatürlichen nachweislich ein wesentlicher Bestandteil des Flows ist, spricht für sich. Darin sehe ich für mich persönlich einen wissenschaftlichen Beweis für die Existenz Gottes.

Aus vielen persönlichen Gesprächen über spirituelle Themen weiß ich, dass die Kirche als Organisation einen wesentlichen Beitrag dazu geleistet hat, dass viele Menschen eine gestörte Gottesbeziehung haben. Genau das Gegenteil von dem, was sie ursprünglich bewirken sollte. Wie kommt das?

Aus meiner Sicht hat das zwei Gründe. Erstens wird dies durch eine gewisse Gleichsetzung von Kirche und Gott bewirkt und zweitens durch die Verweigerung oder Unfähigkeit, Verantwortung und die oben beschriebene aktive Rolle im Leben zu übernehmen. Es gibt viele Erlebnisse, Indizien und Hinweise auf eine Existenz dieser Macht. Die Erfahrungen, die unserem Kern am nächsten treten, sind wohl die Geburt eines eigenen Kindes und bereits beschriebene Erlebnisse in der Natur, bei denen wir überwältigt von der Schönheit, Vielfalt und Vollkommenheit unseres Planeten sind, nicht mehr aus dem Staunen herauskommen und uns emotional so berührt fühlen, dass wir vor Glück weinen könnten. So erlebe ich das immer wieder. Auch diese Weisheit ist bereits in der Bibel beschrieben: *„Gott ist zwar unsichtbar, doch an seinen Werken, der Schöpfung, haben die Menschen seit jeher seine ewige Macht und göttliche Majestät sehen und erfahren können"* *(Römer 1,2 Hfa)*.

Deswegen ist es mir zu einfach, den Unglauben auf die Missstände in den religiösen Organisationen zurückzuführen.

Wozu brauchen wir die Kirche dann überhaupt? Zusammengefasst meine ich, brauchen wir sie für alle Aspekte, die förderlich sind für unsere Beziehung zu Gott, zu uns selbst und zu unseren Mitmenschen. Ganz im Sinne des Flows sind das die ansprechenden, gesellschaftlich relevanten Gottesdienste, bei denen ich in Resonanz trete mit Gott, mit mir selbst und mit Gleichgesinnten wie zum Beispiel im Gesang oder im Gebet. Auch die diakonischen Dienste und Einrichtungen zählen sicher zu den förderlichen Aspekten.

Bei der Beschreibung dieses Kanals geht es also darum, meinen Draht nach oben, zum Überirdischen, zu Gott (wieder-)herzustellen. Das Vertrauen wiederzugewinnen, letztendlich durch Verbesserung der Verbindung mittels Meditation, Gesang, Gebet und Gemeinschaft mit Gleichgesinnten.

Schön wäre es, wenn es auch dir gelänge, dein Urvertrauen, die Hoffnung, dass schließlich alles gut wird, wiederzugewinnen.

Nichts könnte diesen Abschnitt besser auf den Punkt bringen als die Zusammenfassung aller Gebote von Jesus:

*„Liebe **Gott** und deinen **Nächsten** wie dich **selbst**.“* Sicherlich ist dir auch hier unser bereits bekannter Dreiklang nicht entgangen.

Wie schmeckt die Freude?

Damit hätten wir die grobe Zusammensetzung unseres Cocktails. Uns dürfte klar geworden sein, dass jede Störung in einer der genannten Beziehungen den Flow hindert oder sogar verhindert, wie in einem unterbrochenen Stromkreis.

Nun wollen wir den Geschmack unserer leckeren Mischung etwas genauer beschreiben. Zunächst, was ist Freude? Laut Wikipedia: *„**Freude** ist der Gemütszustand oder die primäre Emotion, die als Reaktion auf eine angenehme Situation oder die Erinnerung an eine solche entsteht. Je nach Intensität äußert sie sich als Lächeln, Lachen, Freudenschrei oder in einem Handeln.“*

Eine sperrige Definition für so etwas Schönes. Es ist aber auch schwer, einen solch emotional aufgeladenen Begriff mit wenigen Worten präzise und wissenschaftlich zu definieren. Etwas zugänglicher scheint mir folgende Beschreibung des Palverlags in seinem Onlineartikel:

„Freude gehört zu den Grundemotionen. Sie ist genetisch angelegt. Freude ist gekennzeichnet durch ein positives Gefühl, das wir empfinden, wenn wir uns etwas wünschen und das Gewünschte tritt ein, wenn wir etwas als positiv bewerten, das uns widerfährt. Freude kann eher leise Töne haben, sich aber auch bis zu überschwänglicher Freude steigern. In unserem Körper spüren wir Freude als innere Entspannung oder kann sich aber auch nach außen durch ein Lächeln, Luftsprünge und ausladende Gesten zeigen. Es gibt verschiedene Varianten der Freude: Lebensfreude, Schadenfreude, Mitfreude, Spielfreude, Vorfreude, Arbeitsfreude, Lernfreude, Gaumenfreude."

Für diesen Zusammenhang habe ich die Varianten der Freude im folgenden Schaubild dargestellt, um die Steigerung der Intensität von Freude bei zunehmender Komplexität des Kontextes zu erklären. Es ist ein Versuch meinerseits, diesem Begriff etwas näherzukommen.

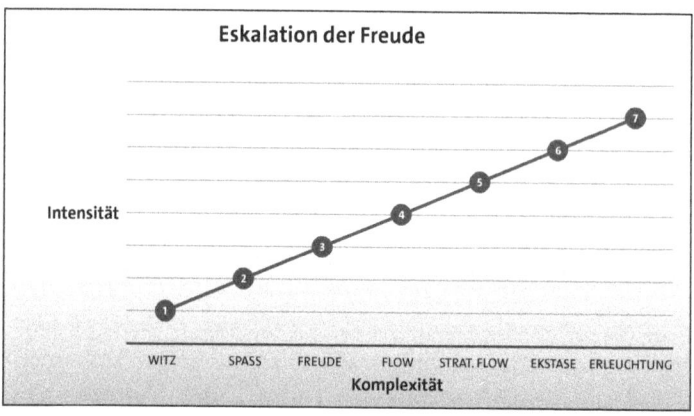

Eskalation der Freude

Intensität

WITZ   SPASS   FREUDE   FLOW   STRAT. FLOW   EKSTASE   ERLEUCHTUNG
Komplexität

Abb. 3 Eskalation der Freude

1. Die einfachste Form wäre ein Witz am Rande. Wir kennen das alle, eine kurze Bemerkung, die uns im besten Fall ein Grinsen entlockt. Vielleicht kennen wir weder den Erzähler noch berührt uns der Inhalt sonderlich.

2. Spaß und Vergnügen erleben wir beim Plaudern, Tanzen in lockerer Runde oder bei einem Kartenspiel.

3. Freude ist schon etwas komplexer und geht mit Eigenaktivität und Aufwand einher, das können unsere Hobbys oder unsere Arbeit sein, aber auch das Zusammensein mit unserer Familie. In diesem Ausmaß fehlen jedoch noch manche Komponenten oder es gibt leichte Störungen, die den Flow verhindern.

4. Flow, wie bereits in seiner groben Zusammensetzung beschrieben, jedoch noch zeitlich und thematisch abgegrenzt und störungsanfällig durch äußere Umstände.

5. Strategischer Flow, ausgedehnt auf mehrere Lebensbereiche ohne scharfe Abgrenzung (zeitlich oder thematisch), jedoch unterbrochen durch natürliche Prozesse, die uns erden und helfen, die Relation nicht zu verlieren und den Flow zu schätzen.

6. Ekstase können wir als intensiven Flow bezeichnen, den wir von manchen Flow-Aktivitäten kennen, z. B. Tanz oder guter Sex. Dabei ist sicherlich markant, dass der Verstand in diesem Zustand zurücktritt und wir uns der Emotion überlassen.

7. Erleuchtung ist aus meiner Sicht eher ein Zustand, dem wir uns als Menschen nähern können und den wir ggf. anstreben, jedoch erwarte ich ihn eher im Jenseits. Darunter verstehe ich zeitlich und thematisch grenzenlose Freude und Liebe. Die Leiden und Anstrengungen, die mit unserem vergänglichen Körper verbunden sind, gibt es nicht mehr und wir existieren dann zeit- und schwerelos entsprechend unserer göttlichen Bestimmung.

Die Frage, ob wir uns freuen können und in welcher Intensität wir bei unserem Tun Freude empfinden, hängt sehr stark von der Größe der Herausforderung ab. Haben wir nichts zu tun, ist uns langweilig. Beschäftigen wir uns mit Alltagsaufgaben, bewegen wir uns im Bereich der Routine oder Komfortzone. Beschäftigen wir uns mit etwas Neuem, ist es optimal, wenn die Herausforderung nicht zu groß und nicht zu klein ist, damit wir in diesem Zustand bestmöglich motiviert und fokussiert sind.

Der Grad der Herausforderung hat unmittelbare Auswirkungen auf unsere Motivationskurve, das dürfte allen sportlich Aktiven unter uns bekannt vorkommen. Wenn wir uns das folgende Schaubild vornehmen, ist zu sehen, dass wir am Peak im Flow angekommen sind. Hier kommen höchste Motivation, größte Leistungsfähigkeit und maximale Freude zusammen – ist dieser Zusammenhang nicht wunderbar? Ich empfinde das als Geschenk Gottes.

Dieses Schaubild können wir auch gut als Alltagshilfe benutzen, immer wenn wir aus dem Flow „fallen", können wir uns fragen, woran es liegt. Geht unsere Tendenz zur Langeweile oder zu Stress und Angst?

Vor allem im hellen Bereich spielen bewusste und unbewusste Erwartungen eine große Rolle. Diese entspringen meist alten Glaubenssätzen wie: Du bist zu schwach/zu klein/zu dumm. Das kannst du nicht. Das wirst du nie lernen. Oder tiefer: Wenn du eine tiefe Beziehung eingehst, wirst du sowieso wieder verlassen.

Wo steht deine Tachonadel?

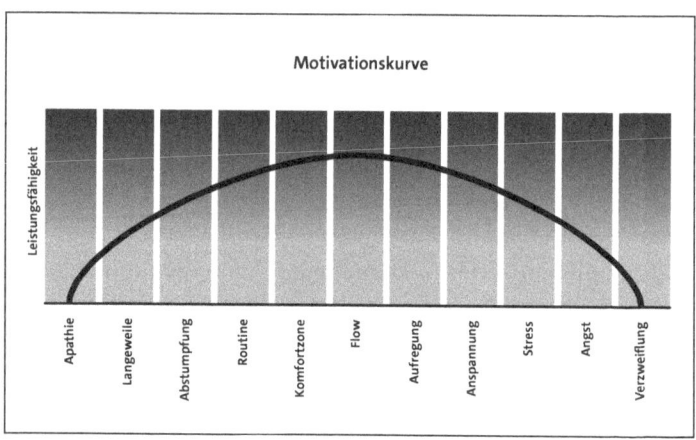

Abb. 4 Motivationstacho

Doch wie schmeckt Freude und woraus besteht sie?

In Anlehnung an die Prozesssteuerung (Csikszentmihalyi Mihaly, Flow, das Geheimnis des Glücks, Klett-Cotta, Stuttgart 2020, S. 157)

Ziele entspringen im besten Fall den Wünschen, Eigenschaften und Werten unseres Selbst. Halten wir inne und nehmen uns Zeit, eine Vision für uns zu entwickeln, berücksichtigen wir dabei diese Faktoren, so werden wir uns normalerweise Ziele setzen, die für uns stimmig und passend (kohärent) sind. Dabei erleben wir schon Vorfreude, die von der Sehnsucht genährt ist, etwas Neues zu schaffen oder zu erreichen. Die Definition von Unterzielen ist dabei sehr hilfreich und motivierend, weil wir schon nach kurzer Zeit oder wenigen Schritten Erfolge erleben. Das motiviert natürlich. Das wäre die erste Geschmacksnote.

Feedback (Resonanz): Machen wir uns auf den Weg, so können wir schon von Anfang an spüren, wie wir mit uns selbst und unserer Umgebung in Resonanz treten. Resonanz bedeutet in diesem Zusammenhang, mit Menschen in Interaktion zu treten. Das wird uns beim Tanz im Rhythmus der Bässe bewusst, aber auch beim Schwimmen in den Wellen des Meeres. Wir werden aktiv und lassen uns auf den Rhythmus unserer Umgebung ein – wunderbar. Im Umgang mit Menschen ist Resonanz nicht immer so klar und greifbar. Deshalb ist es klug, um Feedback zu bitten. Kritische Freunde können uns gut weiterhelfen, auch wenn es im ersten Moment nicht immer das ist, was wir hören wollen. Eine weitere Note.

Messbarkeit des Fortschritts: Haben wir stimmige Ziele und Unterziele definiert, müssen wir nicht lange warten, bis wir auf Teilerfolge und Fortschritte zurückblicken können und feststellen: Wow, so viel habe ich schon geschafft, so viel kann ich schon. Wieder ein gutes Gefühl!

Fokus/Hingabe: Wenn man sich in etwas vertieft und sich einer Sache hingibt, die man sich selbst vorgenommen hat, zusätzlich mit seiner Umgebung in Resonanz kommt und schon erste Erfolge gefeiert hat, ist es nicht mehr schwer, sich fallen zu lassen, weil man ganz bei sich ist und sich getragen fühlt. So kann es weitergehen!

Plötzlich können wir abschalten und es fällt uns leicht, unsere Sorgen zu vergessen. Wir sind beschäftigt mit der positiven Erfahrung im Hier und Jetzt, brauchen uns nicht um morgen, nächste Woche oder die kommenden Jahre Sorgen zu machen. Jaaa! Endlich sind wir diese Quälgeister losgeworden!

Selbstwahrnehmung und Achtsamkeit sind Voraussetzungen für Selbstkontrolle.

Kontrolle ist auf zwei Arten für unseren Flow wichtig. Erstens erfahren wir Rückenwind, wenn wir uns als kompetent in der Handlung und Herr der Lage wahrnehmen. Zweitens erfahren wir, indem wir immer wieder unseren oben beschriebenen Motivationstacho kontrollieren, ob wir unsere Unterziele anheben sollten, damit es uns nicht langweilig wird, oder ob wir besser den Fuß vom Gas nehmen sollten, damit wir nicht in den hellen Bereich kommen.

Wenn wir uns im Hier und Jetzt steuern können, befinden wir uns in einer glücklichen Lage und das **Gefühl für Zeit** verschwindet, was ein weiteres Merkmal des Flows ist. Die Uhrzeit und Anschlusstermine spielen keine Rolle. Ich brauche nicht daran zu denken, wann ich morgen früh aufstehen muss! Es ist wie im Urlaub.

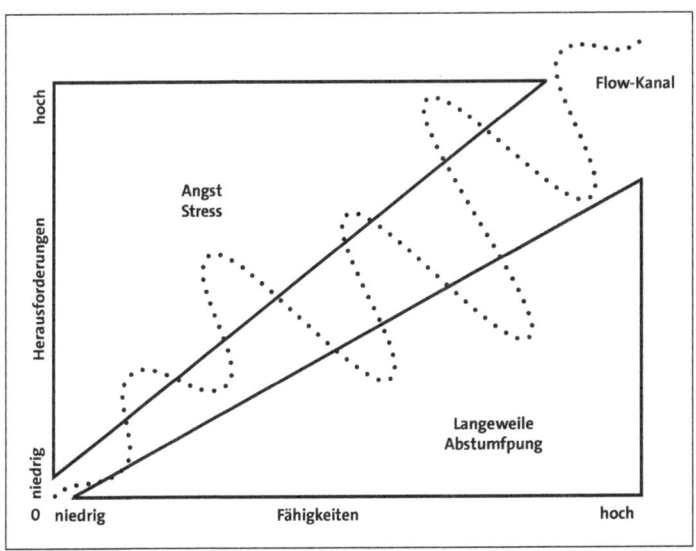

Abb. 5 *Flow-Kanal nach „Flow, das Geheimnis des Glücks"*

„Flow entsteht auf neuen Wegen." (Joe Dispenza)

Das Verrückte am Flow ist, dass er sich mit der Wiederholung desselben Vorgangs abnutzt und langweilig wird. Deshalb müssen wir unseren Weg oder die Rahmenbedingungen verändern, um die gleiche positive Erfahrung zu erhalten oder sie zu steigern, wie in der obigen Grafik nach Mihaly Csikszentmihalyi verdeutlicht.

Ein Mensch befindet sich im Flow. Möchte er bei gleicher Tätigkeit nicht aus dem Flow kommen, muss er auf Dauer die Herausforderungen steigern, damit ihm nicht langweilig wird. Ist die Herausforderung zunächst zu hoch, muss er sie eine Zeit lang üben, um wieder in den Flow-Kanal zu kommen. Daraus würde sich eine fiktive ansteigende, wellenförmige Lebensideallinie innerhalb des Kanals ergeben. Die tendenzielle Steigung ergibt sich aus unseren Erfahrungen, Lernzuwachs und Erweiterung unseres Bekanntenkreises, unser Leben wird mit zunehmendem Lebensalter komplexer.

Die Wirklichkeit sieht anders aus. Wir schwanken zwischen Angst, Flow und Langeweile. Bedingt durch meine Persönlichkeit schwanke ich meist zwischen dem Angst- und Flow-Bereich. Mit Langeweile habe ich wenig zu tun. Womit wir bei meiner Lebenslinie wären, symbolisch habe ich versucht, meine mit dem Höhendiagramm meiner Lebenstour abzubilden (siehe Einleitung).

Grundlagen, bevor ich tiefe Freude gezielt ansteuern kann

Bevor wir anfangen können, uns gezielt unseren Flow-Cocktail zu mixen, brauchen wir ein paar Vorbereitungen.

Veränderungen in unserem Leben werden meist durch Umstände (z. B. Verlust der Arbeitsstelle oder schlechte Auftragslage), Entwicklungen (ich habe einen Abschluss erreicht) oder besondere Ereignisse (Geburt oder Tod von Bezugspersonen, Unfälle usw.) angebahnt. Wir halten inne oder im schlimmsten Fall werden wir angehalten. Das ist möglicherweise ein schmerzhafter, aber entscheidender Punkt.

Ob wir uns auf einen Prozess einlassen oder nicht, entscheiden wir genau hier. Das kann uns keiner abnehmen. Wir entscheiden, ob wir in einer Krise so schnell wie möglich in den Alltagstrott zurückwollen oder ob wir die Chance beim Schopfe packen und uns der Zustände und Abläufe in unserem Leben bewusst werden wollen. Im Extremfall kann es auch hilfreich sein, zunächst nur zu einem gewissen Maß zur Normalität zurückzukehren, um dann bewusst in einen Entwicklungsprozess einzusteigen. Dieser Weg birgt jedoch die Gefahr, dass unsere Entscheidung zur Veränderung von den Alltagsroutinen überrollt wird. Oder der Leidensdruck, der uns in die Krise geführt hat, rückt in den Hintergrund bzw. wird verdrängt, was sich meistens im weiteren Lebensverlauf rächt. Steigen wir ein, müssen wir Bewusstheit erlangen über das, was in uns vorgeht, wie wir uns fühlen und wohin wir wollen.

Christian Bischoff hat das in seinem Buch „Bewusstheit" präzise beschrieben:

> *„Bewusstheit ist weit mehr als Bewusstsein, über Bewusstheit zu verfügen, heißt achtsam zu sein. Es heißt, sich seiner selbst, seiner Wünsche und Träume bewusst zu sein. ... Bewusstheit hilft dir, deine Gedanken und Gefühle achtsam wahrzunehmen, zu analysieren und so steuern zu können, dass du mit der Zeit immer mehr handeln und leben kannst, wie du es wirklich willst."*

Ich möchte ergänzen, dass zu unserer Selbstwahrnehmung im besten Fall auch die Kenntnis über unsere Glaubenssätze als einflussreiches Vermächtnis unserer Sozialisation gehört. Das bedeutet natürlich nicht, dass dieser Einfluss in seiner Macht erhalten bleiben soll, sondern eben das Gegenteil. Durch die Bewusstheit und Akzeptanz der Glaubenssätze und deren Wirkung auf das Jetzt können wir sie für die Zukunft entmachten. Wir erkennen sie, nennen sie beim Namen oder geben ihnen vielleicht sogar den Namen der Person, die wir für die Hauptverantwortliche dieses Glaubenssatzes halten. Bei diesem Vorgang schauen wir dem Schmerz und der Angst ins Gesicht. Wir entlarven sozusagen das Schreckgespenst, akzeptieren, dass es so ist und zu der aktuellen Realität gehört.

Als Nächstes können wir mit oder ohne externe Hilfe überlegen, wie wir in Zukunft damit umgehen wollen. Im Falle des erfolgreichen Prozesses nehmen wir den Schreckgespenstern unseres

Lebens, wie sie auch heißen mögen, die Macht und den Einfluss über unser gegenwärtiges und zukünftiges Leben.

Friedemann Schulz von Thun hat in seinem Buch „Miteinander reden 3", Rowohlt, Reinbek 2008 sein hilfreiches Modell zum inneren Team vorgestellt und leitet uns an, uns mit unseren inneren Stimmen an einen Tisch zu setzen, ihnen einen Namen zu geben und wie ein Moderator angemessene Redezeiten zu vergeben. Das ist sehr förderlich für das Lernen der Kommunikation mit den Teilen unseres Selbst. Jetzt kommen wir zu einer zentralen Frage:

Wie kann ich Flow gezielt anstreben und ansteuern?

Um in unserer Metapher zu bleiben, gehen wir nun zu den Zutaten und zur Herstellung unseres Cocktails über: Auch hier lehne ich mich an die wesentlichen Punkte an, die Mihaly Csikszentmihalyi in seinem Buch „Flow, das Geheimnis des Glücks, 2020" noch deutlich umfassender dokumentiert hat (S. 324).

1. Lerne zu visionieren
Eine Vision beinhaltet die Berücksichtigung deiner Ziele und Unterziele sowie deine Werte und Eigenschaften. Das ist eine große Herausforderung. Wie du schon ahnen kannst, hängt viel von einer stimmigen Vision ab. Lass die alten Glaubenssätze, die dich herunterziehen, hinter dir. Sei mutig und überlege dir, was du wirklich willst. Stimmt dies mit deinen tiefen Überzeugungen und Werten überein, hast du schon viel geschafft. Hast du auch deine positiven Eigenschaften berücksichtigt und gewürdigt?

2. Fähigkeiten entwickeln
Mache einen Trainingsplan. Bekanntlich ist kein Meister vom Himmel gefallen. Im Jugendfußball gibt es eine Faustregel: „Wille schlägt Talent." Vielleicht nicht heute und nicht morgen, aber auf jeden Fall gehört dir die Zukunft, wenn du etwas wirklich willst. Plane konkrete kleine Schritte, wie du deine Fähigkeiten trai-

nieren kannst. Fachbücher und Tutorials können dabei eine große
Hilfe sein. Nicht zuletzt kann ein guter Coach dich entscheidend
ermutigen und weiterbringen. Schon bald wirst du Fortschritte
und Erfolge feiern können.

3. Feedback erbitten
Leider habe ich in meiner Kindheit und Jugend Kritik oft als
demotivierend erlebt. Dabei ist jegliches Feedback eine Goldgrube. Schaffen wir es, Rückmeldungen als Hilfsangebot zu interpretieren, können wir sprichwörtlich in jeglicher Hinsicht Kapital
daraus schlagen. Finden wir diesen Schalter in uns, haben wir eine
große Schlacht gewonnen. Wir werden innerlich frei und unabhängig. Mehr noch, wir lernen alle Sinne zu schärfen und unsere
Antennen auszufahren, Resonanz wahrzunehmen, um mehr von
unserer Umgebung zu erfahren. Was wir damit anfangen, führt
uns zum nächsten Schritt.

4. Konzentrieren – Zeitmanagement
Nachdem wir Feedback in unterschiedlichen Formen erhalten
haben, brauchen wir einen Filter, der uns hilft, uns auf das
Wesentliche zu konzentrieren. Verfolgen wir eine Vision und
haben Ziele festgelegt, so können wir daran messen, ob es uns
auf unserem eingeschlagenen Weg hilft, ablenkt oder bremst. Dies
gilt bei der Auswahl von Freunden und bei der Freizeitgestaltung.
Soll meine Behauptung, dass die Familie oder die Beziehung mir
wichtig ist, nicht nur eine Floskel bleiben, so muss das in meinem
Lebensstil, konkret in meiner Wochenplanung, sichtbar werden.
Wir müssen für das, was uns wirklich wichtig ist, Zeit einplanen.
Dann haben wir gute Voraussetzungen geschaffen, uns auf das,
was wir tun, wirklich einzulassen und uns mit Freude und Muße
einer Tätigkeit hinzugeben.

5. Steuerung des Bewusstseins
In der nächsten Stufe dürfen wir lernen, unser Bewusstsein ganz
auf das zu lenken, worauf wir uns aus freien Stücken eingelassen
haben. Wenn wir von zufälligem oder ungeplantem Flow reden,

passiert das automatisch. Wollen wir jedoch den nächsten Schritt gehen und den Flow gezielt ansteuern bzw. zeitlich oder thematisch ausdehnen, so kann dieser Schritt durchaus auch mit etwas Übung verbunden sein. Diese Übungen können im schlechtesten Fall in einen Selbstoptimierungszwang ausarten. Das große Feld der Achtsamkeitsübungen hilft die Intensität der Herausforderung zu regulieren und somit Stress auf der einen Seite und Langeweile auf der anderen Seite zu vermeiden. Ganze Bücher sind voll davon. Aber an dieser Stelle bedeutet es für uns letztendlich nichts anderes als die Fähigkeit, unsere Achtsamkeit genau dorthin zu lenken, wo wir sie haben wollen. Milton Ericksons Weisheit *„Energy flows where attention goes"*, also: *„Die Energie folgt der Aufmerksamkeit"*, bringt es auf den Punkt. Jeder Sportler weiß, dass seine Kraft dort hingeht, wo er hinschaut. Egal, ob das ein Ball, die Streckenführung oder das Ziel beim Werfen, Laufen oder Fahren ist. Alles andere bremst uns oder lenkt uns sogar ab. Um diese Herausforderung zu meistern, brauchen wir noch den letzten Schritt.

6. Klarheit – Entschlossenheit

Diese hohe Kunst, auf dem eingeschlagenen Weg mit Konzentration und Entschlossenheit zu gehen, fordert besonders in der heutigen Zeit einiges an Disziplin. Wenn wir uns vor Augen halten, wie viele visuelle und akustische Reize auf uns einprasseln, die uns potenziell alle ablenken, dann wird uns vielleicht bewusst, welche Entschlossenheit notwendig ist, um bei der Sache zu bleiben, für die wir uns entschieden haben. Beispielsweise bin ich zurzeit herausgefordert, wenn ich nachts wach werde. Nehme ich meinen Tinnitus als störend wahr, kann ich nicht mehr schlafen. Gelingt es mir jedoch, meine Aufmerksamkeit auf meinen Atemrhythmus zu fokussieren, nehme ich den Tinnitus nicht mehr wahr und finde wieder zur Ruhe.

Disziplin dieser Art ist wie das Kämmen der Gedanken. Immer wieder müssen wir unsere zerzausten Gedanken in Form bringen und neu ausrichten. Je nach Veranlagung und Alter sind wir entweder dazu geneigt, in der Vergangenheit zu schwelgen oder uns um die Zukunft zu sorgen.

Aber das Leben findet hier und jetzt statt, sozusagen „hic et nunc". Jetzt können wir entscheiden, tun oder lassen, was uns Freude macht.

„Im Leben gibt es nur zwei Tage im Jahr, an denen man nichts tun kann. Der eine ist gestern, der andere morgen. Dies bedeutet, dass heute der richtige Tag zum Lieben, Glauben und in erster Linie zum Leben ist." (Dalei Lama)

Wir erleben unser Leben als subjektive Erfahrung – wie sonst?

„Subjektive Erfahrung ist nicht nur ein Aspekt des Lebens, sie ist das Leben selbst. … Wenn man nicht gelernt hat, seine psychische Energie zu kontrollieren, besteht die Möglichkeit, dass Gesundheit und Wohlstand nutzlos für uns sind." (Mihaly Csikszentmihalyi, „Flow, das Geheimnis des Glücks", S. 296)

Wie sollen wir das Leben sonst verstehen, wenn nicht aus unserer persönlichen Erfahrung heraus? Damit meine ich uns als Menschen mit der Klarheit über die häufige Steuerung aus dem Unterbewusstsein. Wir haben die Fähigkeit, uns auf die Meta-ebene zu begeben, uns selbst aus der Vogelperspektive zu beobachten und zu reflektieren, und die Kompetenz des Selbst, im Hier und Jetzt zu entscheiden, wem wir Glauben schenken, wie wir leben möchten, welche Vision wir verfolgen.

Persönlich habe ich mich in meiner Kindheit und Jugendzeit besonders wohl in der Gemeinschaft von Gleichartigen gefühlt. Das tat mir gut. Aber auch das Singen von mitreißenden Liedern in unterschiedlichen Projekten und am Lagerfeuer gehörte zu meinen Favoriten. Ich singe nicht perfekt, dafür aber umso lauter.

Eine weitere Quelle der Freude war der Sport im Freien, vor allem Fußball, Volleyball und später auch Snowboard und das Skifahren mit dem dazugehörigen Hüttenfeeling.

Mit diesen Ausführungen möchte ich dieses Kapitel abschließen und dir etappenweise erzählen, wie ich mein Leben rückwärts verstehe und wie ich es erlebt habe, welche Schlüsse ich daraus gezogen habe und welche Entscheidungen daraus folgten.

> *„Man kann das Leben nur rückwärts verstehen, leben muss man es vorwärts." (Sören Kierkegaard)*

1. *GROSSER BERG* bei Kelling (Câlnic, RO)

Wie bekomme ich Aufmerksamkeit und Zuwendung?

Meine Lebenstour begann also in Kelling. 1, 2, 3, 4 … 11, 12, 13, 14 waren schon da, jetzt kam ich noch dazu, weitere drei sollten folgen. Es handelte sich nicht um eine Reisegruppe, sondern um meine Familie. Als 15. von 18 Kindern (8 Mädchen und 10 Jungen) wurde ich am kürzesten Tag des Jahres 1975 in Mühlbach (Sebeş, RO), in einer Kleinstadt in Siebenbürgen, geboren. Aufgewachsen bin ich in Kelling, das zu dieser Zeit aus drei ethnischen Gruppen bestand. Die erste Gruppe bildeten Roma, die einen festen Wohnsitz in unserem Dorf hatten. Meist gingen sie einfachen Beschäftigungen wie dem Hüten der Schafe und Kühe nach oder arbeiteten als Tagelöhner bei der wohlhabenderen Bevölkerung. Sie lebten in einfachsten Steinhäusern und kochten oft noch auf einer Feuerstelle vor dem Haus. Sie waren wenig angesehen und wurden oft diskriminiert, was mir als Kind normal erschien. Sie erreichten meist einen geringen Grad an Bildung, waren geübt darin, sich selbst bei guter Gesundheit auf milde Gaben zu verlassen. Ich erinnere mich an regelmäßige Besuche einer alten Roma-Frau, für die es wohl lohnend schien, immer wieder an unserer Haustür zu betteln, weil wir ihr aus Mitgefühl meist etwas zu essen gaben.

Die zweite Gruppe in unserem Dorf stellten die Rumänen selbst. In unserem Dorf waren sie nur mit ca. 30 % vertreten, in der Gesamtbevölkerung Rumäniens mit ca. 85 %. Die dritte Gruppe bildeten wir, die Siebenbürger Sachsen, als eine von vielen deutschen Volksgruppen, die zu jener Zeit in Rumänien beheimatet waren. Speziell unsere Volksgruppe siedelte bereits im 13. Jahrhundert im siebenbürgischen Unterwald.

Eine Besonderheit ist immer noch die Grafenburg, die aus dieser Zeit stammt und seit 1993 zum Weltkulturerbe gehört. Rumänien hatte in den 1980er-Jahren circa 23 Millionen Einwohner. Heute sind es nur weniger als 20 Millionen. In unserem Dorf ging es selbst in den 1980er-Jahren noch sehr beschaulich zu. Es gab nur wenige Autos und Traktoren. Der Großteil der Bevölkerung verrichtete seine kleinbäuerlichen Tätigkeiten mit einem Pferd oder ließ sich, wenn er selbst zu arm war, um Pferde zu halten, von einem Fuhrmann helfen. In den 1970er-Jahren besaßen wir eines der ersten Häuser mit einer Toilette mit Wasseranschluss und Auffanggrube.

Zunächst ernährten wir uns von dem Einkommen unseres Vaters als Veterinär und unserer Mutter als Krankenschwester in Teilzeit. Unumgänglich war auch die nebenerwerbliche Landwirtschaft, die dazu diente, uns als Großfamilie ausreichend zu versorgen.

In Rumänien waren die Grundbedürfnisse der Bevölkerung zu dieser Zeit nur mit Einschränkungen gesichert, bedingt durch die politische Ausrichtung und die daraus folgende wirtschaftliche Lage. Wir hatten meist zwei Kühe und zwei Schweine sowie Hühner und Hasen. In einem großen Gemüsegarten bauten wir unsere Kartoffeln und anderes Gemüse an. Die Schweine wurden im Laufe eines Jahres festlich geschlachtet und kamen in Form von Bratwurst, Grillfleisch und Griebenschmalz auf den Tisch. Die Milchkühe, sofern sie nicht trächtig waren, spielten eine zentrale Rolle in der Ernährung der jährlich wachsenden Familie. Meine Mutter molk sie täglich, bereitete uns daraus das Frühstück als heiße Trinkmilch, Grießbrei oder eingebrockte süße Milchsuppe. Vor allem der Grießbrei hatte es mir angetan und ließ mich als Kleinkind kugelrund werden. Aus Verzweiflung, weil ich jede andere Nahrungsaufnahme verweigerte, hatte meine Mutter ihn stark verdünnt und den Sauger der Babyflasche abgeschnitten, damit sie mich zufriedenstellen konnte.

Die Kühe wurden täglich von den Kuhhirten eingesammelt und als Herde auf die um das Dorf herumliegenden Weiden getrieben. Im besten Fall kamen alle abends gesättigt zur Melkzeit nach Hause. Wir kleinen Kinder spielten auf der Straße oder in unserem Hof, der zur Straßenseite abgeschlossen war. Gefahr durch Autos kannten wir in unserer Straße nicht. Nur selten kam ein Traktor oder ein Lastwagen vorbei, dem wir mit großen Augen nachblickten. Die größeren Kinder gingen zur Schule und spielten sehr oft Fußball, bis es dunkel wurde, oder mussten im Haushalt und bei der landwirtschaftlichen Arbeit helfen. Dafür war ich aber noch zu klein. Wir wurden meist im Hof von unseren großen Schwestern beaufsichtigt oder passten gegenseitig auf uns auf.

Der erste Berg, den ich zu bewältigen hatte, war die Frage, wie ich Aufmerksamkeit und zärtliche Zuwendung bekomme. In unserer Familie war das eine besonders große Herausforderung.

Ich war bereits das 15. Kind. Meine Eltern hatten sich aus spiritueller Überzeugung dazu entschlossen, jedes Kind als Geschenk Gottes zu empfangen. Es war allein ihre Entscheidung, unabhängig von ihrer Glaubensgemeinschaft oder ihren Eltern. Letztere waren in dieser Angelegenheit vielleicht sogar ihre größten Kritiker und Bedenkenträger. Wenn auch in dieser Zeit die Familien im Allgemeinen größer waren, so stellten wir auch dort in dieser Dimension eine große Ausnahme dar – ja vielleicht sogar ein biologisches Phänomen oder schlichtweg ein Wunder. Immerhin hat meine Mutter zwischen 1958 und 1980 18 Kinder zur Welt gebracht und 17 davon großgezogen. So etwas könnte man auch ein erfolgreiches Familienunternehmen nennen.

Seit ich selbst unter besonderen Umständen dreimal Vater geworden bin, wundere ich mich noch mehr. Insgesamt wären wir 18 Kinder, jedoch starb meine Schwester Elisabeth, nur wenige Monate alt, an einem inoperablen Herzfehler. Das war 1968 im Hinterland Europas. Heute hätte sie wahrscheinlich überleben können. Auch von Georg, der als ältester Sohn den

Namen meines Vaters bekommen hatte, mussten wir viel zu früh Abschied nehmen. Er starb 1979 im Alter von 19 Jahren an den Folgen eines Verkehrsunfalls, bei dem ein Pferd, verstört durch ein Gewitter, mit seinem Auto kollidierte. Ich habe nur eine Erinnerung an Georg. Bewaffnet mit einer Hacke versuchte er einen Fuchs zu vertreiben, der sich über unsere Hühner hermachen wollte, die uns täglich Eier lieferten.

Schon früh entwickelte ich zwei Methoden, meine Ration an Liebe und Aufmerksamkeit zu bekommen. Ich wurde mit vier Jahren Bodyguard meiner Schwestern, die elf und 22 Monate älter waren. Auf dem Weg zum Kindergarten versprach ich, sie vor streunenden Hunden und frechen Lausbuben zu schützen.

Das Bedürfnis, mich für das Wohl meiner Familie und meiner Mitmenschen einzusetzen, ist mir bis heute erhalten geblieben. Dafür bietet eine Familie eine große Resonanzfläche. Gemessen an der Zahl der Familienmitglieder bot unsere Familie eine sehr große.

Schon früh begannen mich Pferde zu faszinieren, sie waren in unserem Dorf praktisch überall präsent. Zumeist waren sie als Nutztiere in der Landwirtschaft zu sehen. Ich sah selten jemand reiten, wie das in meinem jetzigen Wohnort üblich ist. Als Transportmittel waren sie auch für die privaten Haushalte erschwinglich. So kam es, dass ich mich eine Zeit lang als Co-Pilot eines Fuhrmannes engagierte. Ich glaube, er hatte zunächst Mitleid und wollte mich nicht abweisen.

Immerhin war ich gerade mal sechs Jahre alt und konnte noch wenig Nützliches vollbringen. Doch was ich konnte, das tat ich gerne, auch wenn es nur die treue Begleitung und das Leisten der Gesellschaft an langen Sommerarbeitstagen war. Zumindest beim Pflügen durften wir Kinder reiten und dabei das Pferd in der Spur halten, damit sich der Fuhrmann auf den Pflug konzentrieren konnte.

Eine weitere Besonderheit war mein ausgeprägtes Lachen, das die Augen so klein werden lässt, dass ich kaum noch etwas sehe. Die Erzieherin in unserem Kindergarten konnte das zur Verzweiflung bringen. Selbst wenn sie mich ernsthaft zurechtzuweisen versuchte, bot ich nichts anderes an als mein Lachen. Sie suchte Rat bei meiner Mutter. Die Erzieherin sollte nicht die letzte Pädagogin sein, der ich mit meinem unaufhörlichen Grinsen schließlich auf den Zeiger ging.

Eine lustige Erinnerung habe ich an unseren Nachbarn, den ich in unserer Garage einschloss, während er Werkzeug suchte. Gleich nachdem ich den Schlüssel umgedreht hatte, rief ich ihm triumphierend zu: „Da kommst du nicht mehr raus." Ich fand das sehr lustig, er wohl weniger, vor allem, weil ich entweder nicht fähig oder nicht willens war, wieder aufzuschließen.

Unsere Familie war mit meinem Vater als Veterinär und meiner Mutter als ehrenamtlicher Dorfkrankenschwester fester Bestandteil der Gemeinschaft. In unserem Dorf gab es eine Grund- und Hauptschule, in der die Kinder grundsätzlich auf Deutsch unterrichtet wurden. Ab der dritten Klasse war jedoch Rumänisch ein fester Bestandteil des Stundenplans. Eine weitere Besonderheit war unsere Religionsgemeinschaft. Meine Eltern waren aus der evangelischen Staatskirche ausgetreten, um ihren Glauben nach ihrem Verständnis und ihrer Überzeugung zu leben. Sie schlossen sich einem kleinen Kreis von älteren Gläubigen an. Mit denen trafen sie sich regelmäßig, um die Bibel zu studieren und geistliche Gemeinschaft zu pflegen. Daraus erwuchs eine freikirchliche Dorfgemeinde. Meine älteste Schwester war das erste deutsche Kleinkind, das nicht getauft wurde. Das war für unsere Verwandtschaft nicht nachvollziehbar und bot Zündstoff innerhalb der Familie, weil meine Oma eng mit der Pfarrfamilie befreundet war. Doch meine Eltern waren von der Eigenverantwortung jedes Menschen überzeugt. Das bedeutete für die Tauffrage, dass jeder sich selbst entscheiden sollte, ob er sich christlich taufen ließ oder nicht.

Mein Vater hatte sich bei einem Tier mit Tuberkulose angesteckt. Die Behandlung und Genesung stagnierten und seine Arbeitsfähigkeit wurde dadurch stark eingeschränkt. Wegen der mangelnden Unterstützung durch das rumänische Sozialsystem und wegen der eingeschränkten Religionsfreiheit beschlossen meine Eltern, die Ausreise zu beantragen, was kurzfristig die Situation noch verschlimmerte. Krankenrente und andere Staatsleistungen wurden uns als „Deserteure" verweigert. Doch die Hoffnung auf ein neues, besseres Leben in Deutschland war so groß, dass mein Vater nichts unversucht ließ, um Entscheidungsträger von der Erteilung der Ausreisegenehmigung zu überzeugen. Schließlich schrieb er einem Minister, den er vor dessen Aufstieg im Laufe seiner beruflichen Karriere kennengelernt hatte, einen Brief, in dem er unsere Lage offen darlegte. Plötzlich ging alles sehr schnell. Wir wurden nahezu gedrängt, das Land so bald wie möglich zu verlassen. Nachdem wir fast drei Jahre lang auf diesen Moment gewartet hatten, sollte nun alles ganz schnell gehen.

Rumänien war in den 70er-Jahren von Überschwemmungen betroffen. Für die darauffolgenden humanitären Hilfen aus Deutschland waren wir als treue, deutschsprachige Großfamilie zu einem festen Anlaufpunkt und Gastgeber für viele Hilfslieferungen geworden. Dadurch waren freundschaftliche Verbindungen entstanden, die bis heute gehalten haben. Diese Freunde waren es auch, die sich in einer beispiellosen Aktion der christlichen Nächstenliebe zusammenschlossen und uns am 22. Oktober 1982 persönlich mit mehreren Kleinbussen bzw. Kombis abholten, um uns über Ungarn und Österreich nach Deutschland zur Einbürgerung in eine Aufnahmestelle in Nürnberg zu bringen. Das war das Ende unserer Geschichte in Rumänien, Ergebnis eines langen Prozesses und gleichzeitig der

Aufbruch in eine neue Welt mit vielen Chancen, aber auch mit vielen Herausforderungen und Stolpersteinen.

Was hat deine Kindheit geprägt?
Welche Hürden hast du in dieser Phase überwunden?
Hast du schon Frieden mit deinen Schmerzpunkten geschlossen?

2. *ACHALM* bei Reutlingen

Wie kann ich dazugehören, obwohl ich anders bin?

Zur Verwunderung vieler konnten wir Nürnberg bereits nach wenigen Tagen verlassen. Es war alles schon vorbereitet und wir durften in ein kleines Mietshaus in Gomaringen einziehen. Wir hatten nur das Nötigste dabei und das örtliche Möbelhaus hatte Betten gespendet, um diese Megafamilie unterzubringen. Da das Haus nicht ausreichte, nahmen benachbarte Familien größere Geschwister auf, bis wir Fuß fassten und sie ihre Ausbildungsstellen antreten konnten.

Die Tatsache, Teil einer konservativen Freikirche und gleichzeitig Teil einer überaus großen und dadurch auch bekannten Familie zu sein, war für mich als Kind mehr eine Bürde als ein Quell der Freude. Nun kam eine weitere Andersartigkeit dazu. Wir waren zwar mit der deutschen Sprache groß geworden, hatten aber durch unsere Herkunft einen besonderen Akzent, der uns sofort als Fremde identifizierte. Die Bewohner in Gomaringen nahmen uns herzlich auf und unterstützten uns bei unserer Integration – allen voran die Familien Meng und Riele. Zu Hause sprachen wir nach wie vor den mitgebrachten Dialekt, der sich Siebenbürger Sächsisch nennt und sehr dem Luxemburgischen ähnelt, was wahrscheinlich auf unsere ursprüngliche Herkunft vor der Migration nach Rumänien schließen lässt.

Ausgerechnet bei mir fiel die Auswanderung mit meiner Einschulung zusammen. Ab November 1982 war ich Schüler der Grundschule in Gomaringen-Hinterweiler. Beim Lesen und Schreiben hatte ich schon einiges aufzuholen. Zum einen, weil in Rumänien das Schreibenlernen durch feinmotorische Übungen längst nicht so gewissenhaft vorbereitet wurde wie in Deutschland, und zum anderen, weil ich ca. zwei Monate Anfangsunterricht verpasst hatte. Als ich eines Tages völlig verkrampft und unmutig die Schreibschrift übte, kam mein deutlich älterer Cousin vorbei. Meine Mutter fand meine Schreibversuche so lustig, dass sie ihn eingeladen hatte, mir zuzuschauen. Heute, während ich dieses Buch schreibe, muss ich darüber schmunzeln, damals war es mir eher peinlich.

Trotz allem fiel es mir scheinbar nicht schwer, Anschluss zu finden. Alex war mein erster Schulfreund in Deutschland. Er wohnte im Nachbarort. Voller Stolz durfte ich ihn manchmal mit dem Fahrrad besuchen. Sehr bemerkenswert ist, dass wir uns 35 Jahre später in einem völlig anderen Zusammenhang ungeplant neu kennengelernt haben, doch dazu später mehr.

Wie bereits erwähnt war das Haus in Gomaringen auf Dauer zu klein und wir machten uns auf die Suche nach einem passenden Mietshaus in der Region. Zuerst verschlug es uns in einen Reutlinger Vorort, welcher deutlich näher an Metzingen war. In Metzingen hatten wir eine Gemeinschaft von Christen gefunden, der wir uns anschließen wollten. Unsere Spuren haben wir in Gomaringen trotzdem hinterlassen. Auch dort wuchs eine Familie gleichen Ausmaßes. Zu Einzelnen davon haben wir bis heute Kontakt.

An unserem neuen Wohnort wurden wir schnell in das Schulleben integriert. Auch zu unseren Nachbarn, die uns verständlicherweise zunächst mit einer gewissen Skepsis begegneten, bauten wir schnell ein gutes Verhältnis auf, obwohl wir so anders waren. Gegenseitige Menschlichkeit und Nächstenliebe ist eben interkulturell. Eine einfühlsame Lehrerin machte mir beispielsweise Nikolausgeschenke, weil sie wusste, dass dies in unserer Familienkultur nicht integriert war, und sie mir diese Freude wohl nicht vorenthalten wollte. In meinem Schulbericht schrieb sie am Ende des zweiten Schuljahres:

„Christian war verträglich und kam in der Regel mit seinen Klassenkameraden gut aus. Er konnte seine Meinung vertreten und setzte sich auch mit körperlichen Mitteln zur Wehr, wenn er ange-

griffen wurde. Im Umgang mit Lehrern wahrte er die Formen der Höflichkeit."

Diese Beurteilung weiß ich heute zu interpretieren und habe mich schon oft darüber amüsiert.

Weiter auf der Suche nach Bedeutung innerhalb und außerhalb unserer großen Familie fand ich Wertschätzung auf dem Bauernhof, wo wir in großen Mengen Milch kauften, um unseren Hunger gemäß unserer Essgewohnheiten zu stillen. Die kindgerechten Arbeiten waren eine sinnvolle Freizeitbeschäftigung und ich fühlte mich akzeptiert und geschätzt. Auch in der Schule hatte ich Freunde und fühlte mich wohl. Gut, nur einen Mitschüler habe ich in schlechter Erinnerung. Als wir einmal in Streit gerieten, beleidigte er mich als „rumänischen Zwiebelfresser", was mich in meinem Selbstverständnis tief verletzte. Soweit ich mich erinnere, konnte ich ihm das nie verzeihen. Zu tief hatte er mich in meinem Bestreben nach Zugehörigkeit und Integration beleidigt.

Bedingt durch die politischen Entwicklungen im Ostblock und speziell die Revolution in Rumänien kamen in den 1990er-Jahren immer mehr Aussiedler nach Deutschland. Wir waren hier ein Ankerpunkt für ehemalige Freunde aus der alten Heimat und die freikirchliche Gemeinschaft in Metzingen wuchs dadurch so sehr, dass die Aussiedlerfraktion immer mehr an Bedeutung gewann und Einfluss auf die theologische Ausrichtung einforderte. Leider gab es keine Einigung und eine Spaltung war unumgänglich. Für mich als zehnjähriges Kind war die Trennung ein spirituelles Trauma. Ich konnte nicht verstehen, wie man sich über vermeintliche Wahrheiten und theologische Details so streiten muss, dass unsere Gemeinde sich spaltete. Da war aus meiner Sicht wenig von Nächstenliebe, Mitgefühl und gegenseitigem Verständnis übrig geblieben. Im Nachhinein ist mir klar, welche Rolle auch hier Macht und Einfluss und Selbstverwirklichung spielten. Für viele der Mitglieder waren die Streitpunkte zweitrangig. Ich persönlich hatte einen guten Freund, der zur anderen Partei gehörte. Aber da war auch ein weiterer Altersgenosse, der mit in die neu gegründete Freikirche in Metzingen kam, obwohl seine Familie nicht aus Rumänien stammte. Matthias ist mir seit unserem Umzug nach Metzingen ein treuer Freund, bis heute. Einige Jahre drückten wir gemeinsam die Schulbank und verbrachten viele Stunden auf dem Fußballplatz. Gleichzeitig waren wir spirituell mit gleicher Gesinnung geprägt und ähnlichen Werten erzogen worden.

Bereits damals zählte Fahrradfahren zu meinen wichtigsten Hobbys. Ich erkundete das Dorf mit Freunden, benutzte es, um schnell zu Spielplätzen zu gelangen. Das Fahrrad schenkte mir bereits damals ein gutes Stück Freiheitsgefühl. Selbstverständlich gehörten auch viel kleine Wettrennen mit Brüdern und Freunden zu meinen Erfahrungen. Leider war das Radfahren immer wieder von dem Ehrgeiz, der Schnellste sein zu wollen, und von dem damit verbundenen Geschwindigkeitsrausch geprägt. Rückblickend wundert es mich nicht, dass ich an fünf Stürzen in dieser Lebensphase unmittelbar beteiligt war. Gott sei Dank ist nie etwas wirklich Schlimmes passiert. Heute habe ich mich bewusst für einen Fahrstil entschieden, bei dem die Freude und der Genuss im Vordergrund stehen.

Neben Schule und Hobby fand ich meine Bestimmung darin, viele Stunden als Handlanger mit der Renovierung des Gemeindehauses zu verbringen und trotz meines jungen Alters als nützlicher Helfer Wertschätzung zu erfahren.

Mit der Übersiedlungswelle kamen viele befreundete Landsleute, die Fuß gefasst hatten, sie bauten Häuser und wir unterstützten uns gegenseitig, so wie wir es aus Siebenbürgen kannten. Da war jede helfende Hand willkommen. Wieder einmal hatte ich eine sinnvolle Beschäftigung gefunden und bekam Bestätigung und Anerkennung, ja, es bereitete mir sogar Freude, produktiv zu sein und mich nützlich zu machen.

Wo hast du unter deiner Andersartigkeit gelitten?
Bei welchen Gelegenheiten hast du dich ausgeschlossen
gefühlt?
Kannst du dich heute über deine Besonderheiten freuen und
sie dir zunutze machen?

3. FLORIANSBERG bei Metzingen

Wohin mit meiner Wut und Aggression?

Familienurlaube waren bei uns nicht üblich, zumal es allein schon logistisch schwer war, so viele Leute zu transportieren. Aber auch bei der Freizeitgestaltung bekamen wir schwer alle unter einen Hut. Deswegen waren meine Reisen über viele Jahre verbunden mit Jungschar oder Jugendgruppen unserer freikirchlichen Gemeinde.

Schon mit 13 Jahren fing ich an, unseren Jungscharleiter in kleinen Dingen zu unterstützen und dabei Verantwortung einzuüben. Er war ein junger Mann, der sich auf die Leitung dieser Gruppe eingelassen hatte und seine Berufung in diesem Ehrenamt lebte, das war zu spüren. Sein Vertrauen und die Akzeptanz waren wichtige Motivationsfaktoren für mich. Bis heute denke ich sehr gerne an diese Zeit zurück. Insgesamt war ich verträglich und im Anpassen geübt. Ging mir aber etwas gegen den Strich, so konnte ich manchmal auffällig rebellisch werden.

In der Gesellschaft von Gleichgesinnten und Gleichaltrigen blühte ich auf. Wir mieteten Gruppenhäuser in Schweden, Norwegen und Spanien und organisierten Wanderungen, spielten Volleyball und Fußball, bis es dunkel wurde. Morgens vor den Freizeitaktivitäten planten wir jeweils eine Zeit für geistliche Impulse, Gesang und Gebet ein. Auch heute freue ich mich an den Erinnerungen an diese Zeit. Sie ist für mich eindrücklich geblieben, wie gut sich verantwortungsvolle Jugendliche selbst organisieren können und dabei Freude, Sinn, Selbstwirksamkeit und Verbundenheit erfahren. Die x-te Generation nach uns organisiert sich immer noch selbst, rekrutiert Nachwuchs für die Leitung aus den eigenen Reihen und ist für mich nach wie vor pädagogisch mustergültig.

In dieser Phase fühlte ich mich zu Hause nicht sehr wohl. Die Pubertät hatte voll zugeschlagen und ich fühlte mich von meinen älteren Geschwistern nicht respektiert, einfach nicht gut genug oder noch nicht alt genug oder noch nicht groß genug – jedenfalls nicht genug. Meine Gefühle waren geprägt von Unterlegenheit und Mangel. Genährt wurden diese Gefühle durch die Tatsache, dass viele meiner jüngeren Geschwister eine höhere Schule besuchten und mich dies in bestimmten Situationen spüren ließen oder, wenn ich um Hilfe fragte, diskrete Hinweise auf meine wohl eingeschränkte Intelligenz oder Bildung folgten. Auch beim Sport schienen meine Geschwister, mit denen ich mich verglich, zu dieser Zeit irgendwie talentierter und erfolgreicher. Da ich ohnehin ein emotionaler Mensch war, brachten mich solche Situationen regelmäßig zur Weißglut und ich tickte regelrecht aus. Wenn ich gegen meinen einen jüngeren Bruder nach erbittertem Kampf im Tischtennis verlor, schlug ich den Schläger bis zur Zerstörung gegen die Wand. Bei Brettspielen, bei denen ich bei den Großen mitspielen durfte, konnte es schon mal sein, dass ich das Spielfeld abräumte, weil ich keine Chance mehr sah. Das tat mir zwar später immer leid und war mir auch peinlich, doch ich hatte einfach noch nicht gelernt, mit meiner Wut konstruktiv umzugehen. Dafür brauchte ich noch Zeit. Zuweilen schien es meinen Brüdern Spaß zu machen, mich zu provozieren, so dachte ich zumindest. Ich fühlte mich einfach hilflos gegenüber meinen größeren Brüdern. Ich wusste nicht, wie ich punkten konnte. Noch hatte ich meinen Platz in meiner Familie nicht gefunden.

Außerhalb gelang mir das viel besser. Über meine Eltern lernte ich einen Landwirt kennen, der hoch oben auf der Zollernalb circa 60 Kilometer von Metzingen entfernt einen landwirtschaftlichen Nebenerwerbsbetrieb bewirtschaftete. Er bat einmal um Hilfe und wir waren mit mehreren Brüdern dort, um ihn bei der Kartoffelernte zu unterstützen. Irgendetwas, was ich damals noch nicht definieren konnte, gefiel mir so gut, dass ich fragte, ob ich wiederkommen dürfe. So kam es, dass ich mehrere Jahre fast jede Ferien auf dem Hof verbrachte. Adolf wurde regelrecht zu meinem väterlichen Freund und Mentor und ich quasi zu einem Teil der Familie. Bevor er zur Arbeit ging, erledigten wir zusammen mit seiner Frau die Stallarbeiten. Dann wies er mich in die Arbeit auf dem Feld ein, die ich trotz meines jungen Alters meist zu seiner großen Zufriedenheit mit dem Traktor erledigte. Heute wundere ich mich noch, welches Vertrauen er in mich als jungen Burschen gesetzt hatte. Wahrscheinlich war es dieses Vertrauen, was mich so motivierte, dass ich trotz Ferien täglich früh aufstand und erst spätabends nach getaner Arbeit todmüde ins Bett fiel. Auch seine Frau adelte mich zum besten Melker nach ihr. Die Milchkühe waren zu dieser Zeit das Kapital des Hofes und sorgten durch den Verkauf der Milch für beständiges Einkommen. Wurden die Kühe nicht richtig gemolken, bestand die Gefahr, dass die Euter sich entzündeten. Dies hätte große Tierarztrechnungen sowie Produktionseinbußen zur Folge gehabt. Sie äußerte einmal, sie könnten sich leisten, ein paar Tage zu verreisen, wenn ich da sei, um sie beim Melken der Kühe zu vertreten. Darauf bin ich heute noch stolz. Wenn ich mich recht erinnere, war ich zu diesem Zeitpunkt noch keine 16 Jahre alt.

In dieser Phase gab es noch jemand, den ich mit meinem jugendlichen Eifer unterstützte. Es war ein Referent biblischer Vortragsreihen, der jährlich unsere Gemeinde besuchte. Die Vorträge wurden stets auf Kassetten aufgenommen, mit damals sehr fortschrittlichen Kopiergeräten vervielfältigt und sofort im Anschluss verkauft. So machte er das in vielen Gemeinden, das war seine Berufung. Ich interessierte mich für die technische Ausstattung und die technischen Abläufe. Dadurch wurde ich zu seinem Adjutanten und durfte manchmal sogar seine Tasche tragen. Wieder einmal fühlte ich mich respektiert und wertgeschätzt. Ich verrichtete meinen Dienst schnell, zuverlässig und mit Begeisterung.

Damals konnte ich noch nicht ahnen, dass die Welt der Multimediatechnik später meinen Berufsalltag prägen sollte.

Auch in dieser herausfordernden Lebensphase konnte ich meine Minderwertigkeitsgefühle, den Leidensdruck und die daraus folgende Wut in etwas Gutes und Sinnstiftendes verwandeln, zumindest in Teilen. Ich war noch weit davon entfernt, die Freude bewusst und systematisch anzusteuern.

Von wem hast du dich in deiner Teenagerzeit am meisten provoziert gefühlt?
Wie gehst du mit deinem Frust um?
Kennst du die Vorteile von Wut und Aggression?

4. METZINGER WEINBERG

Wie kann ich mich in dieser Familie einzigartig und respektiert fühlen?

Bildung spielte in unserer Familie eine große Rolle. Mir schien, dass jeder es besser wissen wollte. Bei so viel Testosteron in einem Haus wollte jeder natürlich auch der Schnellste, Stärkste und Größte sein. Mein Vater hatte in den 50er-Jahren in Rumänien Tiermedizin studiert, wurde jedoch aufgrund seiner deutschen Wurzeln diskriminiert und schließlich exmatrikuliert, um später ohne offiziellen Abschluss von einem Staatsbetrieb als Tierarzt zu arbeiten. So viel zu Theorie und Praxis in der rumänischen Planwirtschaft.

Was uns Kinder anging, hatte mein Vater Erwartungen, vor allem, was die Schulbildung betraf. Wahrscheinlich wusste er den Wert von Bildung zu schätzen. War die Note keine 1, so konnte sie stets besser sein. Doch mein Ruf war diesbezüglich ruiniert und so lebte ich sprichwörtlich ungeniert. Ich war ein Schüler der Schönbein-Realschule in Metzingen mit ordentlichen Noten und einem möglichst großen Maß an qualitativer Freizeit, damit war ich zufrieden. Gut genug konnte ich sowieso nicht sein. Einmal lauschte ich einem Gespräch meiner Eltern, bei dem sie Freunden von unseren verschiedenen Lebenswegen berichteten. Sie erzählten, dass ich eine Ausbildung zum Forstwirt (Waldarbeiter) anstrebe, was die Freunde mit „Das muss auch jemand machen" schwäbisch kommentierten.

Ein weiteres Thema war meinem Vater sehr wichtig, heute würde man es Psychohygiene nennen, weswegen es in unserem Elternhaus nie einen Fernseher gab. Zu sehr befürchtete unser Vater den schlechten Einfluss auf unsere Gedanken und Taten durch Fernsehkonsum. Auch das Lesen niederer Literatur wie Comics war bei ihm verpönt. Selbst das Hören von Hörspielen oder Radiosendungen zur Unterhaltung wurde zwar geduldet, aber nicht gutgeheißen.

Auch wenn es altmodisch und unpopulär klingt, weiß ich diese Perspektive bis heute sehr zu schätzen. Die Selbstkontrolle des Medienkonsums und der Einflüsse, die wir unserem Hirn zumuten, ist heute relevanter denn je. Gerne verweise ich hier auf die Forschungen von Gerald Hüther, Manfred Spitzer und vielen anderen. Die Kontrolle des Inputs und der Gedanken spielt auch eine zentrale Rolle im Zusammenhang mit Flow, wie bereits im Kapitel „Basislager und Kraftquelle" beschrieben.

Stattdessen sah er es gern, wenn wir uns in unserer Freizeit mit geistlicher Literatur und Gemeindeaktivitäten beschäftigten. Mit Literatur konnte ich in dieser Zeit wenig anfangen, dafür aber mit Gemeindeaktivitäten. Ich sang im Männerchor, besuchte Jugendveranstaltungen und nahm wöchentlich an mehreren Gottesdiensten teil. Wie bereits erwähnt wurden wir zu einem eigenverantwortlichen Leben in einer aktiven Beziehung zu Gott erzogen. Freiwillig ließ ich mich im Alter von 13 Jahren in der Gemeinde, in der unsere Familie beheimatet war, taufen. Trotz meiner hohen Aktivität blieb ein Stück innere Leere zurück. Was hatte ich falsch gemacht? Ich war allen Anweisungen gefolgt, engagierte mich in der Gemeinde, versuchte auch sonst ein guter Junge zu sein. Trotz allem fehlte mir die Lebensfreude, die sich bekanntlich nicht durch Anpassung und Einhalten von Ge- und Verboten einstellt. Noch war ich nicht frei und hatte meine Bestimmung noch nicht gefunden.

Angewidert von dem Schulalltag und den Unterrichtsstunden, die mich kaum berührten, entschloss ich mich, nach meinem mittleren Bildungsabschluss eine Ausbildung zum Forstwirt zu beginnen. Um Geld zu verdienen, hatte ich vorher schon viele unterschiedliche Ferienjobs gemacht und dachte, es sei die richtige Wahl. Ich plante, später Forstwirtschaft zu studieren und auf dem Weg dorthin zunächst einmal bei der körperlichen Waldarbeit meinen Kopf freizubekommen und mich neu für die Schulbank zu motivieren. Ein Freund half mir dabei; er stammte aus dem gleichen Dorf in Rumänien und war bereits im dritten Lehrjahr der Ausbildung am Forsthof in Metzingen. So hatte ich schon eine Bezugsperson. Zusätzlich konnte ich die Ausbildungsmeister bei einem Orientierungspraktikum während der Realschulzeit von meiner Tauglichkeit für diesen Beruf überzeugen. Dadurch wurde das Bewerbungsverfahren zur Formsache. Nach ein paar Monaten schwerer Arbeit kamen bald die ersten Zweifel. Ich merkte, dass ich perspektivisch weder als Forstwirt noch als Förster im Wald arbeiten wollte. Als Forstwirt nicht, weil mir die Arbeit körperlich zu hart und zu stumpfsinnig schien. Hinzu kam, dass bei der täglichen Arbeit von Naturromantik wenig übrig geblieben war. Waldarbeit bedeutet größtenteils in Begleitung der Motorsäge, im Klartext mit Lärm, Abgas, Gewicht und ständigen Vibrationen zu arbeiten. Als gute Erinnerungen bleiben da die Zeiten, in denen der Motor ausblieb, zum Beispiel beim Pflanzen. Und die Begegnungen in den Pausen beim Kartenspielen und die Gespräche auf einem Baumstamm in den Pausen. Hier passierten die wichtigen Dinge. Ich lauschte gespannt den Anekdoten der Erwachsenenwelt, die mich zum Staunen brachten verglichen mit der heilen Welt, die ich von zu Hause und der Gemeinde kannte. Hier ging es oft um Wochenendgeschichten junger Erwachsener und um geplatzte Träume.

Auch mein Traum vom „Förster im Silberwald" war geplatzt. Die Vorstellung, allein durch den Wald zu stiefeln und Bäume zu markieren, schien mir öde. Dazu waren die Berufsaussichten derzeit äußerst schlecht. Zur Arbeit eines Försters gehörte auch die Jagd. Viele, die ich kennengelernt hatte, zeigten einen befremdlich wirkenden Stolz auf ihre grüne Uniform. Zuweilen schien mir der Stolz bräunlich gefärbt zu sein. Alles in allem hatte ich gespürt, dass es einen besseren Beruf für mich gibt. Ich wollte mehr – was, wusste ich noch nicht. Aber auf dem Weg zu meinen Vorstellungen brauchte ich zumindest eine Fachhochschulreife. Die wollte ich jetzt machen. Trotzdem steckte ich in einer Sackgasse. Ich hatte keine Vision mehr, das machte mich krank im wahrsten Sinne des Wortes. Die ganze Krise hatte mir auf den Magen geschlagen, ich litt an einer Reizung, die heftige Schmerzen verursachte. Die verschriebenen Tabletten linderten zwar die Magenschmerzen, verschlechterten jedoch die Gesamtsituation, weil ich unter den möglichen psychischen Nebenwirkungen litt.

Was hast du getan, um in deinem Umfeld respektiert und geliebt zu werden?
Wer hat dich ermutigt?
Welche Erwachsenen haben dir Vertrauen geschenkt?

5. *JUSIBERG* bei Neuffen

Was ist meine Bestimmung?

Während der ganzen Zeit auf dem Berufskolleg begleitete mich die Frage nach meiner Bestimmung. Ich hatte so viele Ideen, aber keine konnte mich zufriedenstellen. Gerne wollte ich etwas mit Sprachen machen, andererseits wollte ich auf jeden Fall mehr mit Menschen zu tun haben und Geld verdienen. Den Sinn für mein Leben und meinen Beruf zu finden war durch diese Krise auf meiner Prioritätenliste weit nach oben gerutscht. Heute weiß ich, dass wir solche Zeiten brauchen, um mit uns selbst und guten Freunden ins Gespräch zu kommen. Hier möchte ich alle ermutigen: Nimm den Schmerz wahr, lass ihn zu, nimm dir die Zeit und suche Rat. Es wird viel besser, als du denkst!

Drei Optionen prüfte ich genauer. Erstens hätte ich BWL mit Schwerpunkt Sprachen an der Fachhochschule in Reutlingen studieren können, um mich später auf internationalen Marktplätzen zu profilieren.

Zweitens, ob ich als Entwicklungshelfer in fernen Ländern mich an der Verbreitung der Guten Nachricht, die ich selbst noch nicht zu meiner Zufriedenheit begriffen hatte, und an der Alphabetisierung beteiligen sollte. Vielleicht erfasste ich sie mit dem Kopf, aber noch nicht mit dem Herzen und mit dem Gefühl der inneren Zufriedenheit und tiefen Freude.

Oder sollte ich es als dritte Option meinem ehemaligen Lehrer gleichtun, der nach seiner Ausbildung zum Zimmermann das Pädagogische Fachseminar besuchte, um Fachlehrer für Sport und Technik zu werden?

Schritt für Schritt ebneten sich die Wege.

Da bereits mehrere ältere Brüder Wehrdienst geleistet hatten, wurden alle weiteren vom damals verpflichtenden Staatsdienst verschont. An dieser Stelle ein Danke an meine älteren Brüder. Zur Musterung musste ich trotzdem. Auf einem Formular sollte ich alle Geschwister auflisten. Erstens war das Formular viel zu klein und zweitens bestand irgendwann meinen Angaben nach nur noch ein Altersunterschied von drei Monaten zwischen zwei Geschwistern, worauf mich der Beamte hinwies, es aber der Einfachheit halber dennoch akzeptierte. Stattdessen beschloss ich, durch einen freiwilligen Hilfsdienst in Kenia etwas von einem anderen Land zu sehen und die Sprachforschung und Bibelübersetzungsprojekte kennenzulernen. Um dorthin zu kommen, musste ich jedoch erst Geld verdienen. Einen Beruf hatte ich ja, einen Job bekam ich in der benachbarten Stadt. Mein alter Freund zeigte mir wieder den Weg. Er war schon seit einiger Zeit dort beschäftigt. Circa sechs Monate fällten wir Bäume im Akkord im Nürtinger Stadtwald und Umgebung.

Im April 1996 stieg ich allein in den Flieger nach Nairobi/Kenia mit einem Zwischenstopp in Paris. Ich war mit 21 Jahren auf dem besten Weg, erwachsen zu werden.

In Kenia hatte ich zunächst Heimweh. Ich fühlte mich trotz meines guten Schulenglischs oft missverstanden und einsam. Schließlich hatte ich vorher noch nicht gelernt, allein klarzukommen. Einsamkeit war für mich ein Fremdwort, weil ich in meiner Entwicklung meist von vielen Menschen umgeben war. Als mich mein dortiger kanadischer Vorgesetzter für die Zeit von drei Monaten in seine Familie aufnahm, blühte ich wieder auf. Für ihre Gastfreundschaft und Nestwärme bin ich heute noch dankbar. Ich bin Gott und der Familie so dankbar, dass ich sie und ihre Arbeit viele Jahre später immer noch mit Spenden unterstützte.

Ich arbeitete tagsüber in einer Holzwerkstatt, deren Gewinn für die Sprachprojekte bestimmt war. Ich hatte Freude daran, die einheimischen Arbeiter und ihre Kultur kennenzulernen und Bruchstücke ihrer Sprache zu erlernen.

In Ostafrika lernte ich aber noch etwas viel Wichtigeres für mein Leben, nämlich dass ich auf Dauer nicht in einem Land weit entfernt von Familie und Freunden leben wollte. Vielmehr sehnte ich mich nach einer Heimat, in der ich Wurzeln schlagen und mich als echten Teil der Gesellschaft wahrnehmen konnte. Da war immer noch der Schmerz, mich als Fremder und bestenfalls Geduldeter in Deutschland wahrzunehmen.

In Kenia habe ich noch eine wichtige spirituelle Erfahrung gemacht. Ich konnte endlich Gottesdienste mit Freude und echter Verbundenheit verknüpfen. Verglichen mit den Gottesdiensten unserer traditionellen Kirchen erschien dort jede Gesangs- und Gebetszeit wie eine Party. Ja, so schmecken Leben, Freude, Verbundenheit und Hoffnung.

Geduld war noch eine weitere Lektion, die ich in Afrika zu lernen hatte.

Unzuverlässigkeit und Unpünktlichkeit brachten mich vorher schnell aus der Fassung, es schien mir als verlorene oder gestohlene Zeit. Nach einem langen Prozess bin ich viel gelassener geworden. Meist nutze ich Wartezeiten zum Lesen und Schreiben oder übe mich darin, einfach nur zu sein.

Dort gilt Stress und Ungeduld als große Untugend, entsprechend groß war für mich die Herausforderung, mich in Geduld zu üben.

Als ich nach drei Monaten bei der Arbeit die Kultur im Umland der Hauptstadt Nairobi kennengelernt hatte, wollte ich in meinen verbleibenden vier Wochen noch weitere Projekte sehen, um mir die Spracharbeit in unterschiedlichen Volksstämmen besser vorzustellen. Dafür reiste ich allein mit öffentlichen Verkehrsmitteln. Dabei erlebte ich Unglaubliches. Man kennt es von Bildern oder Filmen. Selbst als einziger Weißer einen Kleinbus mit zwanzig anderen Leuten zu teilen ist eine ganz besondere Erfahrung. In der Nähe des Victoriasees stand ich in einem großen Bus. Ich war einer der Ersten und musste mich wie immer, bis es losging, in Geduld üben. Der Bus füllte sich nach und nach mit Menschen, aber auch Gepäck und lebendes Geflügel waren an Bord. Schon nach wenigen Metern stellte ich fest, dass der Bus keine Bremsen besaß. Wir waren zwar in einer flachen Gegend unterwegs, trotzdem konnte der Bus nicht gezielt angehalten werden. Immer wenn der Busfahrer anhalten wollte, schaltete er mit der Motorbremse brutal herunter. Um die Geschwindigkeit zu reduzieren, fuhr der Bus nur noch langsam, sprangen ein paar „Co-Piloten" aus dem Bus und warfen Steine vor die Räder. Zunächst überlegte ich, ob ich so bald wie möglich aussteigen sollte. Männer, Frauen, Kinder und Hühner blieben sitzen, also blieb ich auch und kam gut an meinem Ziel an. Ziel war ein Übersetzungsteam auf einer Insel im Victoriasee. Am Hafen angekommen suchte ich ein Bootstaxi und erkundigte mich nach der Abfahrtszeit. Es würde nach einer Übernachtung in einem einfachen Hotel um 08:00 Uhr morgens starten. Die umherstehenden Menschen wiesen mir freundlich den Weg zum passenden Taxi. Bald sollte es losgehen. Dass es weitere vier Stunden dauerte, bis wir tatsächlich ablegten, ist nach unserem Ermessen unbegreiflich, dort störte es niemanden. Trotz der kurzen Überfahrt brauchten wir noch mehrere Stunden bis zum Ziel, weil bei der Begegnung mit anderen Booten Waren ausgetauscht wurden und sich die Stopps an jeder Anlegestelle scheinbar unendlich hinzogen. So wurde aus einer kurzen Überfahrt eine Tagesreise. Das war frustrierend mich, aber sonst kümmerte es niemanden, im Gegenteil, die Bootsfahrt schien für die anderen Passagiere ein Vergnügen zu sein. Es ist eben alles eine Sache der Perspektive.

Nach ein paar Tagen kehrte ich nach Nairobi zurück, um von dort mit einem kleinen Flugzeug zu einem weiteren interessanten Projekt im Nordosten Kenias im Grenzgebiet zu Somalia aufzubrechen. Dort lernte ich in einem Wüstengebiet das Sprachprojekt und Leben eines Nomadenvolkes kennen, dessen Menschen unter widrigen Umständen ihr Leben meistern und sich hauptsächlich von Kamelmilch und Kamelblut ernähren. Die wahre, auch verfilmte Geschichte der weißen Massai, einer weißen Frau, die sich auf ein Leben als Ehefrau eines afrikanischen Nomaden eingelassen hatte, spielte sich in der Nachbarschaft ab, wie ich später erfahren sollte. Schon während dem Aufenthalt wurde mir klar, dass ich nicht mein Leben irgendwo als Fremder verbringen wollte. Ich kehrte mit vielen wertvollen interkulturellen und spirituellen Erfahrungen im Gepäck aus Kenia zurück und mit der Gewissheit, dass ich Lehrer werden wollte.

Ich hatte einen gefühlten Quantensprung gemacht und einen hohen Berg in meiner Lebensgeschichte bezwungen. Mir war es gelungen, eine Vision zu entwickeln, wie mein Leben aussehen könnte. Mit Spannung erwartete ich Post aus Kirchheim/Teck vom Pädagogischen Fachseminar, wo ich mich für die Ausbildung zum Fachlehrer für Technik, Sport und IT beworben hatte.

Was ist deine Bestimmung?
Bist du zufrieden an deiner Arbeitsstelle, in deinem Beruf?
Wie sähe dein Traumjob aus?

6. *TECKBERG* bei Kirchheim

Wie kann ich Grenzen verschieben, ohne dabei ein schlechtes Gewissen zu haben?

Schon wenige Tage nachdem ich aus Kenia zurückgekehrt war, erhielt ich Post. Etwas skeptisch, jedoch insgesamt zuversichtlich öffnete ich den Brief- und siehe da, es war eine Zusage. Ich wollte als Fachlehrer Jugendlichen Dinge beibringen, an denen ich selbst Freude hatte, das klang gut. Den Umgang mit Jugendlichen hatte ich als Mitarbeiter von mehreren Jugendcamps schon mehrfach erprobt, er machte mir Freude. Technische Fähigkeiten hatte ich mir in meiner Ausbildung als Forstwirt angeeignet und ein vages Interesse in der Nutzung von Computer und Multimediatechnik war auch vorhanden. Nur beim Sport hatte ich meine Zweifel, bedingt durch meine Erfahrungen in der Familie. Vielleicht erinnerst du dich noch, dass ich immer den Eindruck hatte, alle seien talentierter als ich. Doch ich war motiviert und mit der bestandenen Aufnahmeprüfung in der Tasche war ich zuversichtlich, mit entsprechender Übung die Prüfung auch in diesem Bereich zu bestehen. Also konnte es losgehen, ich war bereit.

In Kirchheim fühlte ich mich von Anfang an pudelwohl. Alle Kommilitonen hatten bereits berufliche Erfahrungen, was Voraussetzung für diesen Bildungsgang war, gemeinsam hatten wir auch eine gewisse Offenheit für andere Menschen. Zusätzlich unterstützt durch die gemeinsamen Sportaktivitäten wuchsen wir schnell zu einer gut gelaunten Truppe zusammen. Mit den Schlüsselerfahrungen aus Kenia im Rücken hatte ich beschlossen, meiner Lebensfreude deutlich mehr Raum zu geben und mich aus alten Gesetzlichkeiten und Verhaltensmustern zu befreien. Manchmal war es ein regelrechter Kampf gegen mich selbst.

Durch meine offene Art und das Gefühl, zur rechten Zeit am rechten Ort zu sein, fiel es mir leicht, Kontakte zu knüpfen. Ich mochte zwar den freundschaftlichen Umgang zu meinen Kommilitoninnen, jedoch durch meine Erziehung und die daraus folgende persönliche Entscheidung wollte ich mich zu diesem Zeitpunkt nicht auf eine Partnerschaft einlassen. Ich hatte noch keinen Plan, wohin die Reise nach der zweijährigen Ausbildung gehen sollte. Unser Kurs, der traditionell nur männlich besetzt war, hatte ein Pendant mit den Fächern Hauswirtschaft, Sport und Kunst, dem Klischee entsprechend fast ausschließlich nur von Damen besucht. Da boten sich gewisse Kooperationen in der Freizeit an. Wir nahmen gemeinsam an Sportlehrgängen teil, trainierten für Sportprüfungen und verbrachten viel Freizeit zusammen in WGs oder Kneipen.

Auch spirituell fand ich Gleichgesinnte, besonders in Reiner, dessen ältere Schwester bereits mit meiner Schwester in Kirchheim eine Krankenschwesterausbildung absolviert hatte. Wir stammten beide aus einer großen christlichen Familie, dadurch hatten wir viele Gemeinsamkeiten. Jetzt bestritten wir gemeinsam die Ausbildungszeit.

Vor meiner Zeit in Kirchheim konnte ich nicht ohne Scham über meinen Glauben und spirituelle Überzeugungen reden. Seit ich es gelernt hatte, diese Freude und Hoffnung auch zu fühlen, war die Angst und Scham verschwunden. Dennoch kostete es einiges an Überwindung, alte Glaubensätze und Gewohnheiten meiner religiösen Familienkultur durch meine eigenen zu ersetzen.

Das Seminar war allgemein sehr übersichtlich, deswegen kannten wir uns innerhalb unseres Jahrgangs bald alle. Es fand sich eine Gruppe von circa sechs Studenten zusammen, die sich regelmäßig treffen wollten, um spirituelle Gemeinschaft zu pflegen. Wir gingen zum Rektor und baten um einen Gruppenraum für unsere Treffen. Dieser war zunächst etwas verdutzt, gab jedoch seine Zustimmung. Wahrscheinlich hatte er so etwas in seiner Amtszeit noch nicht erlebt.

Durch die regelmäßigen Treffen und gemeinsamen Aktivitäten entstanden viele Freundschaften, die bis heute Bestand haben. Wenn ich heute Freunde aus dieser Zeit treffe, fühlt es sich immer noch sehr vertraut an.

Innerhalb dieses Freundeskreises entwickelten sich Gefühle für Daniela, meine heutige Frau, die über eine platonische Freundschaft hinausgingen und von ihr erwidert wurden. Zunächst war es uns nicht bewusst und geplant war es erst recht nicht. Allen Freunden war es längst klar, nur wir brauchten etwas länger. Wir waren bis über beide Ohren verliebt. Nun begann bei mir der komplizierte Abgleich von Glaubenssätzen, Planungen des Verstandes und die Frage, ob eine mögliche Beziehung zukunftsträchtig war. Konnte es so einfach sein, die Richtige zu finden, war sie ein Geschenk oder eine Versuchung? Das wollte ich alles so früh wie möglich geklärt haben, jedoch ist das gar nicht so einfach, wenn man schwer verliebt ist. Spätestens als sogar meine Eltern ihren Segen gaben, war es auch für mich klar, dass ich die Frau gefunden hatte, die ich liebte und heiraten wollte.

Seit dem Frühjahr 1998 waren wir offiziell ein Paar. Ich stellte sie meiner Familie vor. Schon ein paar Monate später waren die letzten Zweifel ausgeräumt und wir planten unsere Hochzeit. Sie fand am 3. Juli 1999 an einem glutheißen Sommertag statt. Daniela und ich hatten zwar viele Gemeinsamkeiten, jedoch sehr unterschiedliche Herkunftsfamilien. Sie war traditionell katholisch erzogen worden und spirituell suchend, ich konservativ evangelisch-freikirchlich. Ich kam aus dieser riesigen Familie, sie war Einzelkind.

Da sich die staatliche Stelle für die Einstellung von Lehrkräften bekanntlich viel Zeit lässt, hätten wir theoretisch bis Juli warten müssen, um zu erfahren, ob und, wenn ja, wo wir unsere Arbeitsstellen Anfang September antreten würden. Weil ich meine Prüfungsergebnisse sowie das folgende Ranking gut einschätzen konnte und wir keine Fernbeziehung führen wollten, bewarb ich mich an mehreren freien Schulen in Baden-Württemberg. Bald bekam ich eine Einladung für ein Vorstellungsgespräch an der Freien Evangelische Schule (FES) in Lörrach. Daniela begleitete mich und wir überlegten schon während der Fahrt über den Schwarzwald, vorbei am Feldberg, hinab durchs Wiesental, ob wir im Falle einer Zusage tatsächlich ins Dreiländereck ziehen wollten. Daniela wartete im Auto, während ich gespannt und unerfahren in die Vorstellungsrunde ging. Wir sprachen über Formalitäten, das Profil der Schule und natürlich über mich. Dabei berichtete ich, dass unsere Hochzeit bereits geplant war und meine Verlobte im Auto auf mich wartete. Sie fragten nach ihrem Beruf und ihren Unterrichtsfächern. Ich hatte kaum ausgesprochen, breitete sich ein schelmisches Grinsen auf den Gesichtern des Einstellungskomitees aus. Einen Tag zuvor hatte eine Kandidatin genau mit Danielas Fächerkombination ihre Bewerbung zurückgezogen und somit war eine Stelle frei, die exakt auf meine Verlobte passte. „Gott hat scheinbar Humor", kommentierten meine Gesprächspartner und schickten die Sekretärin zu unserem Auto, um Daniela zu ihrem unerwarteten Vorstellungsgespräch zu bitten. Was für ein Glück, was für ein Geschenk, wir hatten bereits im April 1999 einen Arbeitsvertrag in der Tasche und Planungssicherheit für unsere gemeinsame Zukunft.

Nun hatten wir wenigstens einige Monate Zeit, um uns zunächst auf unsere Prüfungen vorzubereiten und unsere Hochzeit zu organisieren. Eine Wohnung finden und umziehen mussten wir auch noch, ganz schön sportlich, aber zum Glück macht man sich als junger Mensch nicht so viele Gedanken.

Uns blieb sowieso nichts anderes übrig, als diesen Meilensteinen auf unserer Route zu folgen.

Ich staune heute noch, wie wunderbar sich in dieser Zeit alles fügte, als hätte alles so sein sollen, tatsächlich wie im Flow.

An welchen Stellen möchtest du alte Grenzen verschieben?
Welche Glaubenssätze aus deiner Kindheit schränken dich ein?
Wo handelst du bewusst gegen dein anerzogenes Gewissen?

7. *FELDBERG* im Schwarzwald

Mit mir ins Reine kommen, wo ist
unser Platz als Familie?

Die unterschiedlichen Prüfungen verlangten uns Studierenden
viel ab. Schulrecht, Fachtheorie und Praxisprüfungen in Sport
und Technik bildeten einen regelrechten Marathon. Emotionales
Highlight war meine Tanzprüfung, auf die ich mich besonders
gewissenhaft vorbereiten musste, weil mir diese Disziplin von
Haus aus sehr fernlag. Die wichtigsten Hürden waren die Lehr-
proben, bei denen wir unter Beobachtung unterrichten mussten.
Wir alle bestanden erwartungsgemäß, nicht zuletzt, weil wir uns
in der Gruppe bei den Prüfungsvorbereitungen sowohl mental als
auch praktisch unterstützten.

Bei der Planung der Hochzeit bekamen wir bereits einen Vorge-
schmack unserer Unterschiedlichkeit. Daniela hatte klare Vorstellungen und ich überließ ihr die Verantwortung und passte mich
an. Rückblickend haben wir viel zu viel Rücksicht auf die Befind-
lichkeit meiner Eltern genommen, das würde ich heute nicht
mehr so machen. Wahrscheinlich war ich mit meinen gerade
mal 23 Jahren noch zu unsicher in meiner neuen Rolle.
   Trotz aller Unterschiede verstanden sich die Hochzeitsgäste
gut und wir denken gerne an unser Hochzeitsfest im Hof der
Baptistengemeinde in Kirchheim/Teck an diesem sonnigen Tag
zurück.
   Was das Ziel der Hochzeitsreise anging, hatte ich einen klaren
Favoriten. Dieses Mal folgte Daniela meinem Vorschlag. So
entschieden wir uns für ein niedliches Häuschen in Schweden.
Wir machten uns mit dem Auto auf den langen Weg, schon bald
stellte sich heraus, dass mein Fahrstil eine Herausforderung für
meine Frau war. Nach all den Aufregungen und Gefühlswal-

lungen, Warnungen, Verabschiedungen und Feierlichkeiten waren wir plötzlich allein in unserem Ferienhäuschen auf einer grünen Wiese in Schweden. Wir genossen die Zweisamkeit sehr und tankten Kraft für die kommenden Aufgaben und Herausforderungen.

Auch bei der Wohnungssuche in Lörrach lief alles glatt und wir bekamen eine Wohnung in unmittelbarer Nähe zur Schweizer Grenze, so nah, dass wir den Zollbeamten über die Schulter schauen konnten. Unser Arbeitsplatz, die Freie Evangelische Schule, war in wenigen Minuten mit dem Fahrrad oder zu Fuß erreichbar.

Freunde aus Metzingen halfen uns beim Umzug. Wir waren rechtzeitig vorbereitet und konnten unseren Dienst Anfang September 1999 im neuen Schulgebäude der FES antreten. Die Schule in freier Trägerschaft war stark im Wachsen, dadurch waren wir nicht die einzigen neuen Lehrer in dem jungen Kollegium. Wir fühlten uns willkommen und unterstützt, kamen aber mit unserer kurzen Ausbildung und geringen Lebenserfahrung zunächst an unsere Belastungsgrenzen.

Trotzdem oder gerade deshalb suchte ich Ausgleich im Fußball beim nahen TuS Lörrach-Stetten. Wie ich später noch erzählen werde, konnte sie nicht ahnen, was hinter meinem Wunsch, zu einer Fußballmannschaft zu gehören, steckte. An den Wochenenden besuchten wir manchmal unsere Familien oder brachten unsere Wohnung in Ordnung. Im Winter fuhren wir des Öfteren Snowboard zu zweit oder mit Freunden, was sich durch die Nähe zu den Alpen und zum Feldberg anbot. Als junger Sportlehrer war ich auch beliebter Begleiter für Schullandheimaufenthalte. Unser Hausmeister frotzelte einmal, ich habe wohl Sport, Technik und Schullandheim studiert.

Nach ein paar Monaten fanden wir zu einem guten Alltagsrhythmus und lernten uns noch besser kennen. Rückblickend bin ich sehr froh, dass wir auf uns allein gestellt waren, so war vieles eine Verhandlungssache zwischen uns beiden, ohne dass sich Danielas oder meine Familie einmischen konnte. Leider wussten wir damals noch nicht, wie sehr wir unbewusst von ihnen beeinflusst wurden. Zwei Jahre wollten wir uns mit der Familienplanung Zeit lassen, um zusammenzuwachsen, Zweisamkeit zu genießen und Geld zu sparen.

Mit etwas Abstand stellte ich fest, dass ich noch fauliges Gepäck in meinem Familienrucksack trug. Ich wollte Heilung für die alten Wunden aus meiner Jugendzeit und befreit werden von den Altlasten. Aber wie sollte ich das angehen? Sollte ich Personen mit längst vergangenen Konflikten konfrontieren? Das war mir zu peinlich. Was, wenn sie sich gar nicht mehr an die Problemsituation erinnern konnten oder wenn mein Schmerz für sie gar nicht nachvollziehbar war? Nach einiger Zeit des inneren Kampfes wurde mir bewusst, dass Vergebung ein Prozess ist, der in meinem Inneren stattfinden muss. Zuallererst sollte ich mir selbst vergeben und göttliche Vergebung in meinem Leben wahr werden lassen, dann würde ich auch die alten Geschichten vergeben können und Heilung erfahren. Mir wurde bewusst, dass es sinnlos ist, auf Entschuldigungen für alte Verletzungen zu warten. Ich wollte Vergebung lernen und als göttliches Geschenk annehmen, ohne Bedingungen von außen. An diesem Beispiel können wir gut erkennen, dass Persönlichkeitsentwicklung zwar von außen angeregt werden kann, jedoch ohne Erwartungen und äußere Bedingungen passieren muss. Gott sei Dank konnte ich auch diesen Knoten lösen und Frieden mit den alten Verletzungen schließen. Diese schmerzhaften Geschichten gehörten zu meinem Leben, hatten aber durch die Vergebung ihre zerstörerische Kraft verloren.

Nach zwei Jahren zu zweit fühlten wir uns bereit für die nächste Herausforderung. Daniela wurde schwanger und ich ahnte noch nicht, welche Bedeutung das für mich haben würde. Nach all den Kinder- und Jugendjahren, in denen ich mich nur als einer von 18 fühlte, hatte ich in Daniela endlich ein exklusives Gegenüber gefunden, das genoss ich sehr. Doch jetzt sollte sich vieles verändern.

Die Schwangerschaft verlief unkompliziert bis zum letzten Tag. Daniela war vormittags noch bei der Frauenärztin und alles schien in Ordnung, doch abends klagte sie über starke Schmerzen und wir gingen ins Krankenhaus. Die Ärzte deuteten die Symptome falsch und nahmen an, dass es Wehen waren, tatsächlich war es aber die schwerste Form einer Schwangerschaftsvergiftung, ein sogenanntes HELLP-Syndrom. Als die Lage sich zuspitzte, gab es keine andere Lösung, als einen Notkaiserschnitt im Kreißsaal durchzuführen. Daniela bekam zusätzlich einen Krampfanfall und war in einem lebensbedrohlichen Zustand. Die Sauerstoffversorgung unserer frisch entbundenen Naomi musste von den bereitstehenden Sanitätern übernommen werden, da sie durch das Geburtstrauma nicht selbstständig atmen konnte. Bei Daniela wurden die Blutwerte untersucht und geprüft, ob sie nach Basel oder Freiburg geflogen werden musste, um Bluttransfusionen zu erhalten. Naomi wurde in die Kinderklinik verlegt, intubiert und ruhig gestellt, damit sie sich von den Strapazen erholen konnte. Ich starrte durch das Fenster in die Nacht und fühlte mich so verloren wie selten zuvor. Ein paar Stunden zuvor schien alles noch in Ordnung, nun schwebten sowohl meine Frau als auch unsere neugeborene Tochter in Lebensgefahr. Es war etwa 03:00 Uhr nachts und ich fuhr in unsere Wohnung, um ein paar Stunden zu schlafen.

Morgens um 06:30 Uhr rief ich meine Mutter an, am Telefon weinte ich hilflos wie ein kleines Kind. In den nächsten Tagen pendelte ich zwischen der Frauenklinik und der Kinderklinik, um Naomi Muttermilch zu bringen und ihr trotz ihres künstlichen Komas vorzulesen und ihre Hand zu halten. Später fuhr ich meist mit dem Rad durch die Stadt zur Frauenklinik, um Daniela zu berichten, wie es Naomi ging. Erst nach ein paar Tagen konnte Daniela Naomi zum ersten Mal sehen. Nachdem sich die Lage beruhigt hatte, schrieben wir folgenden Brief an die Intensivstation der Kinderklinik Lörrach, den ich noch gefunden habe.

„Liebes Team der Däumling- und Spatzenstation,

nun sind schon ein paar Tage vergangen, seit unsere Naomi bei euch war. Nach einer dramatischen Geburt wurde sie auf dem schnellsten Weg zu euch gebracht. Durch eure kompetente und liebevolle Behandlung und Pflege konnte sie schon nach einigen Tagen entlassen werden. Wir danken eurem Team von Herzen für die Fürsorge. Unsere Dankbarkeit gilt gleichzeitig Gott, der uns Naomi geschenkt hat. Wir sehen es als ein Wunder, dass sowohl Naomi als auch ihre Mama nach so kurzer Zeit wohlauf zu Hause sein können."

Nie vergessen werde ich auch den Besuch meiner Mutter und meines Bruders Andreas, die den langen Weg von Metzingen nicht scheuten, um sich von unserem Wohlergehen zu überzeugen und nach alter Tradition fertig gekochtes Essen mitzubringen.

Nun waren wir eine Familie und brauchten mehr Platz. Wir mussten überlegen, wo wir unser Nest bauen wollten. Sollten wir uns in Lörrach eine neue Wohnung suchen oder nach Gruol, in Danielas Heimat, ziehen? Egal, wohin wir ziehen würden, ich sehnte mich nach einem festen Platz, an dem wir Wurzeln schlagen konnten. Das war mein ausdrücklicher Wunsch, ich war zu diesem Zeitpunkt bereits sechsmal umgezogen. Ich sehnte mich nach Kontinuität und einem Platz, an dem ich mich neu erfinden und heimisch werden konnte. Nach vielen Abwägungen entschlossen wir uns, uns im Sommer 2002 von Lörrach zu verabschieden und nach Gruol zu ziehen in Danielas Elternhaus, das ihre Mutter allein bewohnte.

Plagen dich noch alte „Geister"?
Was bedeutet Vergebung für dich?
Hast du deinen Platz schon gefunden?

8. *PLETTENBERG* bei Balingen

Wer bin ich ohne meine Herkunftsfamilie?
Wie werde ich heimisch?

Bisher wusste ich nicht mal, dass es Gruol gibt, jetzt sollte es meine neue Heimat werden. Die Zollernalb mit der Jugendherberge beim „Lochenstein" war mir noch bekannt. Sogar Haigerloch war mir als Ausbildungsort meiner Schwester noch vage im Gedächtnis. Wie ich heute sagen kann, war es eine gute Entscheidung hierherzuziehen. In der Familie von Daniela wurde ich freundlich aufgenommen. Das Schwäbisch des Zollernalbkreises hatte ich schon vor Jahren bei meinen Bauernhofaufenthalten auf der Zollernalb gelernt und nicht mehr vergessen. Sprachliche Anpassung war mir sehr wichtig, da ich nicht mehr als Aussiedler wahrgenommen werden wollte, auch weil ich von Einzelnen immer wieder fremdenfeindliche Bemerkungen vernommen hatte. Ich wollte dazugehören und hier zu Hause sein.

Schon ein Jahr später begannen wir das Haus umzubauen, wir sollten in die Hauptwohnung umziehen, da sich unser zweites Kind ankündigte und wieder der Platz knapp wurde. Wir bauten das Dachgeschoss aus, damit wir alle Platz hatten. Mein Bruder Ben, der inzwischen Zimmermann gelernt hatte und Architektur studierte, unterstützte uns mit Rat und Tat. Er opferte einen großen Teil seiner Semesterferien im Sommer 2003. Diese Aktion und das intensive Miteinander in dieser Zeit verbinden uns seither in besonderer Weise. Der legendäre Sommer 2003 war so heiß, dass wir die Dachziegel nicht ohne Handschuhe anfassen konnten. Auch die anderen Brüder nahmen bei Bedarf die Autostunde von Metzingen auf sich, um uns zu unterstützen. Danielas bauerprobte Verwandtschaft unterstützte uns, wo es nur ging. Dank der vielseitigen Hilfe unserer Freunde und Verwandten gelang es uns innerhalb weniger Monate, das ganze Haus unseren Bedürfnissen anzupassen. In dieser Situation spürte ich mal wieder, was für ein Privileg es ist, so eine große Familie und viele Freunde zu haben.

Am Anfang fehlten mir noch meine vertrauten Freunde und die freikirchlichen Gottesdienste, weswegen wir uns noch einige Jahre einer Freikirche in Mössingen anschlossen. Aber schon nach kurzer Zeit knüpften wir hier in Haigerloch-Gruol auch auf spiritueller Ebene neue Bekanntschaften und fanden Freunde fürs Leben. Wir spürten unsere Bestimmung, ganz hierher nach Haigerloch-Gruol zu gehören. Auch spirituell wurde Haigerloch unsere Heimat. Glaubenskurse, Kinderprojekte und Projektchor waren die Bereiche, in denen wir uns aktiv engagierten. Einen besonderen Stellenwert hatte auch das Vater-Kind-Wochenende, das fest zu unserer Jahresplanung gehörte. Das Camp wurde für Väter mit ihren Kindern auf einem sehr einfachen Campingplatz im Donautal organisiert, damit sie dort ein besonderes Wochenende zusammen mit ihren Kindern erleben konnten. Es wurde gesungen, gespielt, gebastelt, Geschichten erzählt und die Freiheit in der Natur genossen, ganz ohne Sorgen und Einschränkungen der Mütter, ein echtes Highlight! Diese Wochenenden in bester Gesellschaft von anderen Vätern mit ihren Kindern waren viele Jahre ein „Must-have" im Jahreskalender unserer Familie.

Wir fanden viele neue Freunde durch Glaube und Sport. Ich wollte das nicht mehr trennen, jeder in der Kirche durfte wissen, dass ich begeisterter Fußballspieler war, und jeder auf dem Sportplatz konnte wissen, dass ich an Gott glaubte und aus Überzeugung regelmäßig Gottesdienste besuchte. Das fühlte sich gut und stimmig an.

Entsprechend der Absprache mit meiner Frau beendete ich meine „Fußballkarriere" früh. Das fiel mir zunächst nicht leicht, doch ich hatte ihr mein Wort gegeben. Nachdem unser zweites

Kind geboren war, wollte ich mir mehr Zeit für unsere junge Familie nehmen, für die ich mich freiwillig entschieden hatte.

Um weiter mit dem Fußball verbunden und in Bewegung zu bleiben, machte ich einen Schiedsrichterkurs und fing an, Spiele als Schiedsrichter zu leiten, diese Aufgabe war weit weniger zeitaufwendig und deutlich flexibler zu planen. Dabei machte ich viele interessante Erfahrungen auf und um das Spielfeld herum. Auf dem Spielfeld bekam ich aus den Emotionen heraus ungefiltertes und manchmal gnadenloses Feedback. Ich lernte viel über mein Selbstwertgefühl und den Zusammenhang zwischen Körpersprache und ihrer Wirkung. Alles in allem eine gute Persönlichkeitsschulung, bei der man auch noch honoriert wird, wenn auch nur spärlich. Wenige Jahre später war ich die lästigen Diskussionen auf niedrigem Niveau dann doch leid. Respekt an alle Schiedsrichter, die diesen Job im Amateurfußball für viele Jahre durchziehen! Dem Fußball blieb ich selbstverständlich erhalten, nun ging es als Trainer weiter. Unser erster Sohn Noah hatte von Beginn an einen hohen Bewegungsdrang und Talent dazu, er konnte kaum erwarten, ins Fußballtraining zu gehen. Er startete seine „Fußballkarriere" bereits mit dreieinhalb Jahren bei den Bambini.

Zu dieser Zeit fühlte ich mich in meinem Beruf als Lehrer ziemlich belastet, dennoch machte es mir viel Freude, die Kinder in ihrer Begeisterung für den Sport und die Gemeinschaft zu fördern.

Wie bereits erwähnt brachte ich mich auch in der Gemeinde ein und genoss zunächst die neue Interpretation von Gemeinde und die subjektiv wahrgenommene Offenheit in der evangelischen Landeskirche. Ich brachte mich in der Kinder- und Jugendarbeit ein, aber auch bei Glaubenskursen, bei denen wir kirchenfernen Menschen die Grundzüge des christlichen Glaubens vermittelten und zur offenen Diskussion einluden. Auch ein regelmäßiges Männerwochenende entstand in dieser Zeit, bei dem wir wanderten, diskutierten und gesellig zusammensaßen. Wir starteten stets zu Hause und zu Fuß steuerten wir ein Hotel in unserer Umgebung an.

Zur persönlichen Inspiration und Stärkung beteiligten wir uns als Ehepaar an einer spirituellen Kleingruppe, die sich selbstständig organisierte. Diese Gruppe wurde zu einem Freundeskreis, in dem wir uns gegenseitig unterstützten, gemeinsam aßen und feierten, aber auch beteten und sangen.

Nachdem unsere damalige Pfarrerin unsere Gemeinde verlassen hatte, hoffte ich gemäß meiner Prägung auf eine männliche Variante. Tief in mir war es gewöhnungsbedürftig, eine Frau als geistliches Oberhaupt der örtlichen Kirchengemeinde zu akzeptieren, aber ich hatte mich dafür entschieden. Mein Motto war, wenn Gott das aushält, warum sollte ich das nicht aushalten, niemand hatte mich gezwungen, hier zu sein. Trotz aller persönlichen Herausforderungen in diesem für mich neuen System ließ ich mich in den Kirchengemeinderat wählen, um die Gemeinde an vorderster Front zu unterstützen. Dabei stieß ich jedoch an meine Grenzen, zu groß waren die Unterschiede zwischen meiner Prägung und den unbewussten Vorstellungen und der Praxis der Organisation von Kirchengemeinde innerhalb der Landeskirche.

Wie ich bereits erwähnte, genoss ich die Volksnähe, jedoch erlebte ich die Arbeit innerhalb des Gemeinderats schon bald als große Herausforderung. Die Organisation Kirche nahm ich als Bremse für das Gemeindeleben, zuweilen auch als Barriere für viele Menschen auf ihrem Weg zu Gott wahr. Tradition, Organisation, Bürokratie und Hierarchie und Denkmalschutz nahmen gefühlt 95 % unserer KGR-Sitzungen in Anspruch. Hinzu kam, dass ich mich auch innerhalb unserer Gemeinde mit meinen Überzeugungen nicht immer toleriert fühlte, die Toleranz nach außen schien aber grenzenlos zu sein.

Für glaubenskritische Menschen bietet die Kirche in der Tat eine große Angriffsfläche. Viele angeblich religiös motivierte Kriege, bei denen die Parteien meinen, sie müssten Gott verteidigen, als ob Gott das nötig hätte. Vielmehr sehe ich hier einen Versuch der Herrscher, ihr Handeln von „höchster" Stelle zu legitimieren, und die Verweigerung, die Verantwortung für ihr Handeln aus Machtgier zu übernehmen. Hinrichtung vermeintlicher Hexen, Ablasshandel und Verschwendung des Geldes armer Menschen sind nur ein paar Verfehlungen aus der Geschichte. Ganz zu schweigen von dem sexuellen Missbrauch, der erst in jüngster Vergangenheit zu einer unausweichlichen Diskussion auch innerhalb kirchlicher Organisationen geführt hat. Wie viele Jahre mussten vergehen, bis die Diskussion in die Öffentlichkeit gekommen ist? Leider befürchte ich, dass an den entscheidenden Stellen immer noch kein ausreichendes Bewusstsein für die Notwendigkeit von Aufarbeitung, Täter-Opfer-Ausgleich und Wandel eingetreten ist. Das ist, wenn wir unseren Blick in die Zukunft richten, der größte Skandal.

Eine subtilere und weniger populäre Problematik sehe ich in der Koalition zwischen Staat und Kirche. Der Staat gewährt der Kirche das Recht, die Kirchensteuer zu erheben, und kontrolliert so seinen spirituellen Gegenpol. Durch die eingerichteten Traditionen werden die Kinder ungefragt nicht nur in die christliche Gemeinschaft integriert, sondern auch automatisch zu Mitgliedern einer weltlichen Organisation, die damit beschäftigt zu sein scheint, ihre Macht, ihr Geld und ihre Immobilien zu erhalten und zu schützen. In dieser Kritik beziehe ich mich ausschließlich auf die Kirche in ihrer Organisationsform und die Menschen, die diese stützen. Aus meiner Sicht hat sich die Organisation Kirche ohne wahrhaftige theologische Legitimation zwischen die Menschen und Gott geschoben und erwartet direkt oder indirekt, dass wir Zoll bezahlen auf unserem Weg zu Gott. Diese Aspekte sehe ich definitiv hinderlich für eine Gottesbeziehung. Doch in

Wahrheit ist der Weg zu Gott für jeden frei, kostenlos, bedingungslos. Das ist eine Sache zwischen Gott und jedem Menschen persönlich. Die Kirche sollte sich auf Hilfestellungen für die Menschen beschränken.

Trotz meinem Entschluss, mich auf die Landeskirche einzulassen, fühlte ich mich mit meiner inneren Zerrissenheit überfordert und legte mein Amt im Kirchengemeinderat vorzeitig nieder. Mein Kopf wollte zwar noch, aber mental war ich ausgelaugt und überfordert. Die unterschiedlichen Überzeugungen zu überbrücken war mir zu einer großen Last geworden.

Nach längeren Überlegungen bezüglich unserer Familienplanung waren wir uns einig geworden. Gar nicht so einfach, wenn man bedenkt, wie unterschiedlich die Voraussetzungen dafür waren. Meine Frau war als Einzelkind aufgewachsen und ich kam mit einem völlig anderen Familienbild in unsere Beziehung. Nachdem die Geburt unseres zweiten Kindes drei Jahre zurücklag, wünschten wir uns ein drittes Kind. Elia wurde im August 2008 in Tübingen geboren. Nun war unsere Familie vollständig. In den nächsten Jahren hatten wir alle Hände voll zu tun, unser Leben in der Balance zwischen Familie, Beruf und persönlichen Bedürfnissen zu halten.

Jedenfalls habe ich es in dieser Phase geschafft, mich gänzlich von meiner Herkunftsfamilie abzunabeln und mich von vielen alten Normen zu lösen. Mit meiner Frau hatte ich mich in jeglicher Hinsicht auf ein neues Leben eingelassen, ich war erwachsen geworden. Ich genoss es, unabhängig von meinen Geschwistern und Eltern mein Leben aktiv zu gestalten und Verantwortung zu übernehmen. Es blieb eine Herausforderung, Familie, Arbeit und Freizeitgestaltung auszubalancieren, aber eine gute Herausforderung ist förderlich für Sinnhaftigkeit und Freude im Leben, wie wir bereits gelernt haben.

Warst du schon einmal allein in der Fremde?
Wer bist du ohne dein persönliches Umfeld?
Hast du dich von deiner Herkunftsfamilie abgenabelt?

9. *WARRENBERG* bei Haigerloch

Warum soll Fußball nicht gut für mich sein?
Wie kann ich beim Fußball in den Flow kommen?

In Rumänien war es eine der wenigen Freizeitbeschäftigungen für Jungs. Wer dazugehören wollte, ging auf den nahen Bolzplatz zum Fußballspielen.

An den frühen Nachmittagen, wenn die großen Burschen noch ihren Verpflichtungen nachgingen, durften die kleinen Jungs spielen. Gegen Abend mussten die Kleinen nach Hause und der natürlichen Hierarchie folgend den Platz räumen. Damals war ich noch zu klein und gehörte noch nicht zum Fußball spielenden Volk. Aber meine Brüder kickten leidenschaftlich gerne, zum Leidwesen meines Vaters, der viel lieber gehabt hätte, dass sie sich auch in der Freizeit mit wichtigeren Dingen beschäftigen, als auf einer Wiese mit 22 Spielern einem mehr oder weniger runden Ball bis zur Erschöpfung hinterherzujagen und schließlich angestachelt vom Ehrgeiz und Übereifer noch mit ihren Freunden in Streit zu geraten. Auch in meiner Grundschulzeit kann ich mich nicht erinnern, daran Freude gefunden zu haben. Ich streifte lieber mit dem Fahrrad umher oder spielte auf Spielplätzen und leeren Bauplätzen in unserer Nachbarschaft Fangen oder Verstecken.

Erst als wir bereits in Metzingen wohnten, infizierte auch ich mich mit diesem Fieber. Ich war etwas unkoordiniert, hatte aber enorme Lauf- und Kampfbereitschaft. Mein Sportlehrer sagte damals in einer Fußball-AG scherzhaft zu mir: „Krampelmeyer, du sollst nicht auf alles treten, was sich bewegt.".

Fußball entwickelte sich zu meinem liebsten Hobby und ich hätte so, so gerne in einer richtigen Mannschaft gespielt. Meine Eltern waren aber leider der Meinung, dass das nicht gut wäre für unsere Entwicklung. Sie befürchteten den schlechten Einfluss durch die Kultur im Amateurfußball. Aber auch der zeitliche Aufwand und die Fahrdienste wären für unsere Eltern nicht leistbar gewesen. Der Vereinsfußball war auch wegen der vielen Gemeindeaktivitäten nicht mit unserer Familienkultur vereinbar.

Andreas, der besonders talentiert war, spielte damals als Einziger unserer Familie in einer Vereinsmannschaft. Das wurde zähneknirschend geduldet, sehr wahrscheinlich auch deshalb, weil die Trainer der Region ständig meine Eltern bedrängten.

Ich musste mich mit dem legendären Gummihartplatz beim „Gymi" zufriedengeben. Zeitlich spielten wir mehr als jeder jugendliche Vereinsspieler in Metzingen, aber eben unstrukturiert und spaßorientiert, so wie man sich Straßenfußball wünscht. Das war möglich, weil wir zu Hause kaum Pflichten hatten. Meistens verabredeten wir uns schon in der Schule oder trafen uns wie selbstverständlich auf dem Bolzplatz oder machten einen telefonischen Rundruf. Als ich dann etwa 14 Jahre alt war, durfte ich am regelmäßigen Sportabend der Jugendgruppe teilnehmen. Wir spielten auf dem öffentlichen, aber gepflegten Rasen beim Bildungszentrum in Reutlingen-Rommelsbach. In diesem Umfeld musste ich erst mal ankommen. Dadurch, dass ich zunächst zu den Jüngsten gehörte, bekam ich wieder dieses Gefühl von Ohnmacht und Unterlegenheit, was immer wieder zu großer Frustration und Wutausbrüchen führte. Es kam immer wieder zu Situationen, bei denen ich mir nur mit groben Fouls zu helfen wusste. Bedingt durch die Pubertät kam erschwerend hinzu, dass sich mein Körper veränderte und die Proportionen nicht mehr stimmten. Mein bereits erwähnter Cousin sagte einmal flachsend: „Ich weiß auch nicht, was mit Christian los ist, sein Kopf möchte in die eine Richtung laufen, aber seine Beine laufen in die andere Richtung." Ich wusste Bescheid, so ehrlich sind Geschwister und Verwandte.

Es waren richtige Highlights, wenn ich zu Hobbyturnieren mitgehen durfte oder selbst eine Mannschaft organisierte. So wurde die Teilnahme an einem lokal beachteten Freizeitturnier in der Öschhalle in Metzingen zu unserer Tradition, die „Gymi-Kicker" ließen mit ihren Fans aus der freikirchlichen Gemeinschaft Stimmung in der Halle aufkommen, zumal wir wahrscheinlich die einzige wirkliche Hobbytruppe waren. Erst als ich 18 Jahre alt war, ließ ich mir es nicht mehr verbieten, mich einer Vereinsmannschaft anzuschließen. Inzwischen war ich körperlich groß gewachsen und hatte fußballerische Fähigkeiten entwickelt, mit denen ich der A-Jugend der TuS Metzingen weiterhelfen konnte. Leider waren die Spieltermine sonntagmorgens um 10 Uhr, wo ich aus Überzeugung und Pflichtgefühl normalerweise im Gottesdienst gewesen wäre. So stand ich ständig im Gewissenskonflikt und konnte die Spiele nicht wirklich genießen, geschweige denn in einen Flow kommen.

Als ich später zu der Herrenmannschaft wechseln sollte, gab es tatsächlich einen Verein, der sich um mich bemühte, es war der benachbarte TSV Glems. Obwohl mir die Unvereinbarkeit meines damaligen Lebenskonzeptes und des Vereinsfußballs bereits bekannt war, schmeichelte mir das Werben so sehr, dass ich mich überreden ließ und mich der Mannschaft anschloss. Durch die vielen Einflussfaktoren machte ich zu viele Kompromisse, um wirklich Freude in dieser Mannschaft zu erleben. Nach wenigen Monaten hörte ich wieder auf. Dann kam sowieso meine Ausbildung in Kirchheim dazwischen, die mich ganz forderte mit Prüfungsvorbereitungen in anderen Sportarten, in denen ich deutlich Nachholbedarf hatte, zum Beispiel beim Tanz oder Gerätturnen.

Erst nachdem ich erwachsen geworden war und in Lörrach einen Ausgleich für meine berufliche Tätigkeit suchte, war ich fest entschlossen, diesem Sport mehr Zeit einzuräumen. Ich konnte für gewöhnlich morgens den Gottesdienst besuchen, etwas zu

Mittag essen und dann meiner Leidenschaft nachgehen. Leider war diesmal meine Frau nicht so begeistert. Wir einigten uns auf eine kurze „Fußballkarriere", bis unsere Familie mich mehr fordern würde, wieder ein Kompromiss, aber einer, mit dem ich gut leben konnte. Dieses Mal konnte ich mich mit Freude einer richtigen Mannschaft widmen. Das Gelände des TuS Lörrach-Stetten lag auf dem kurzen Weg zu Schule. Eines Tages sah ich den Platzwart und erkundigte mich nach der Mannschaft. Er informierte mich über Trainer, Spielklasse und Trainingszeiten. Der TuS Stetten war damals sportlich auf dem Tiefpunkt seiner Vereinsgeschichte und spielte in der zehnten von elf Spielklassen, das schien mir ein passendes Niveau zu sein. Ich vereinbarte ein erstes Training mit der Mannschaft, ohnehin hatte ich keine großen sportlichen Ziele. Anschluss in einer neuen Stadt, Bewegung und Ausgleich für einen Berufsalltag – alles in einem, das war perfekt.

In meinem ersten Spieljahr war ich vor jedem Spiel aufgeregt wie ein kleiner Junge. Sportlich passte ich gut in diese Mannschaft, sodass ich mir meistens einen Platz in der Anfangsformation sichern konnte. Menschlich passte es gut, vor allem unser erfahrenes und humorvolles Trainerduo war großartig. Auch mit meinen Verteidigerkollegen verstand ich mich außerhalb des Platzes sehr gut, vielleicht deshalb, weil wir auch spirituelle Schnittstellen hatten. Alle zusammen gaben wir unser Bestes, um dem traditionsreichen Verein aus der Krise zu helfen, was nicht leicht war. Sportlich lief es sehr wechselhaft, aber wir hatten viel Freude miteinander, worauf es beim Hobby ankommt.

Schon nach drei Jahren planten wir unseren Umzug. Im März 2002 rief mich der Vorstand des Sportvereins Gruol an, um mich als Trainer zu werben. Ich musste ihm erklären, dass ich zwar Sportlehrer sei, aber nicht über die nötige Spielkunst verfügte, um eine Mannschaft als Spielertrainer zu führen. Er bekam mein Versprechen, für den SV Gruol zu spielen, wenn ich überhaupt noch spielen würde. Nach dem Motto: „SV Gruol or nothing." Es war mir ein Rätsel, was ihn wohl bewegt haben könnte, mich anzurufen, und ich dachte über die Vorstellungen und Erwartungen nach. Erst später wurde mir gesagt, dass es der Hinweis des Onkels von Daniela war und eine akute Not, die auf der Trainerbank herrschte. Der sportliche Neuanfang war perfekt, um mich auf dem Spielfeld neu zu definieren. Natürlich hatten sie einen anderen Trainer gefunden, der wie ich neu zur Mannschaft kam. Wir waren noch dabei, die Umzugskartons auszuräumen, als Tobse, der Kapitän der Mannschaft, den Trainingsplan in den Postkasten einwarf. Das war mein Willkommensgruß, der Sportverein Gruol schien wirklich an mir als Spieler interessiert zu sein. Auch sportlich konnte ich die Mannschaft verstärken, leider nicht immer konstant.

In den ersten Spielen spielte ich auf einer für mich neuen Position im Mittelfeld wie im Rausch und erzielte in fast jedem Spiel ein Tor. Aber mit dem Beginn der Pflichtspiele und gleichzeitig auch des neuen Schuljahres kehrte Alltagsroutine ein. Auf dem Fußballplatz konnte ich den Höhenflug auf Dauer nicht bestätigen. Ich trainierte gerne und genoss es, ein Teil der Mannschaft zu sein. Mit vielen bin ich bis heute freundschaftlich verbunden.

Ein Highlight war für mich ein Trainingslager mit meinem neuen Verein an alter Wirkungsstätte in Lörrach. Alte Bekannte und Freunde zu treffen, die mich in guter Erinnerung hatten und wo ich immer noch angenehme Resonanz spürte, war eine große Freude. Doch nun war Schluss, ich hängte meine Fußballschuhe schon mit 29 Jahren zugunsten meiner Familie offiziell an den Nagel. Natürlich war ich mit dem Herzen immer noch dabei.

Als unser Sohn Noah zur Welt kam, hielt ich mein Versprechen und beendete meine aktive Laufbahn, aber nicht mein Engagement im Sportverein, da er für mich viel mehr bedeutete. Auch ohne regelmäßige Spiel- und Trainingstermine fühlte ich mich wohl und akzeptiert. Ob Schiedsrichter, Jugendleiter oder Trainer, mittlerweile habe ich fast alle Aufgaben zeitweise übernommen.

Wir organisierten Kinder-Fußballcamps und genossen jährlich neu den Strom der Freude und Begeisterung am Fußballspiel der bis zu 80 Kinder.

Unter anderem war ich auch im Bezirksausschuss des württembergischen Fußballverbandes, als Schulreferent im Bezirk Zollern. In dieser Zeit lernte ich über unseren Verein hinaus viele Fußballkameraden von einer anderen Seite kennen und erarbeitete mir die fachliche Anerkennung in unserem Fußballbezirk.

Zuerst notgedrungen, dann mit Begeisterung und Erfolg begleitete ich später meinen Sohn Noah in seiner Fußballlaufbahn. Was diese Vater-Sohn-Kombination angeht, ist sie zwar ein häufiges Phänomen, jedoch nicht immer förderlich, im Breitensport oft unvermeidlich. Wer sollte die Jungs sonst ehrenamtlich trainieren, wenn nicht einer der Väter?

Im Rahmen der regionalen Sichtungsmaßnahmen des Fußballverbandes wurde Noah gesichtet und trainierte von da an am DFB-Stützpunkt. Dort knüpfte er klassisch Kontakte zu Spielern auf dem gleichen Spielniveau. Es bahnte sich bald ein Wechsel zur TSG Balingen an. Ich unterstützte sein Vorhaben und freute mich, ihn in qualifizierte Hände abzugeben. Ich verpasste trotzdem so gut wie kein Spiel, obwohl ich parallel noch das Trainerteam unseres jüngeren Sohnes Elia beim SV Gruol unterstützte. Er spielte im Gegensatz zu Noah mit weit weniger Ehrgeiz und Talent, aber augenscheinlich mit weit mehr Freude.

Durch die regelmäßige Beobachtung des Trainings und meiner Trainerlizenz qualifizierte ich mich für die Unterstützung des jungen engagierten und qualifizierten Trainers, dem es jedoch an Erfahrung fehlte. In dieser Rolle fühlte ich mich nie richtig wohl, da es jedem Vater meiner Meinung nach unmöglich ist, seinen Sohn neutral zu behandeln. Entweder ist man zu milde oder zu streng – beides ist kontraproduktiv in einer leistungsorientierten Mannschaft. Für die Aufstellung war ich zum Glück jedoch nie zuständig. In der nächsten Saison stieg ich in das Team der Jugendleitung bei der TSG Balingen auf und beschäftigte mich nun mit der Organisation des Spielbetriebs, Trainersuche für die Nachwuchsmannschaften und kümmerte mich um besorgte Eltern.

Hier traf ich nach 35 Jahren auf Alex, vielleicht erinnerst du dich noch meinen ersten Schulkameraden aus Gomaringen. Unglaublich, wie das Leben manchmal spielt. Wir verstanden uns von Beginn an gut, auch wenn wir uns ganz neu kennenlernen mussten. Im Team der Jugendleitung passte es gut, aber im gesamten Vereinsgefüge spürte ich viele Dissonanzen, Leistungsdruck und Konkurrenzkampf bis hin zur Missgunst, sodass ich mein Amt schon nach 18 Monaten aufgab. Auch Noah hatte den Verein bereits verlassen, er wollte lieber zurück zu seinen Freunden in unserem Heimatverein mit Spielern aus Haigerloch und Umgebung. Ich war stolz auf das in mich gesetzte Vertrauen und empfand es als eine Ehre, zur Jugendleitung der TSG Balingen (Regionalliga-Südwest, 4. Liga) zu gehören. Den Rückmeldungen nach habe ich die Herausforderungen gut gemeistert. Leider hatte ich einen wesentlicher Faktor für die Ausübung eines Ehrenamtes verloren: Mir fehlte die Identifikation und vor allem die Freude bei der Ausführung meiner Aufgaben.

Jetzt möchte ich zu der Antwort auf die Frage nach dem Flow im Fußball kommen. Vielleicht denkst du, man könne Flow im Fußball wegen der vielen Einflussfaktoren nicht wirklich gezielt ansteuern. Doch genau darin liegt das Geheimnis: Flow und wirkliche Freude sind unabhängig vom Außen. Folgen wir meinem Beispiel meiner Jugendzeit auf dem Bolzplatz, bei dem ich viel Freude am Spiel mit meinen Freunden hatte. Halten wir uns meinen Motivationstacho vor Augen, so war ich im grünen Bereich, dann kam ich zu den Erwachsenen, die Anforderungen waren viel größer und ich fühlte mich unter Leistungsdruck und

Stress, also im hellen Bereich. Was hätte ich praktisch tun können, hätte ich mehr Freude beim Fußball erfahren wollen? Ich hätte mir also eine passende Mannschaft suchen müssen, bei der ich mich weder unter- noch überfordert gefühlt hätte.

An einem anderen Beispiel kannst du sehen, was du noch tun kannst, um mehr Freude im Spiel zu erleben, wenn die Tendenz zur Überforderung geht. Mein Bruder Andreas hatte für ein Seniorenhallenturnier eine gut besetzte Mannschaft zusammenstellt. Mehrere Spieler mit Erfahrung in höheren Ligen waren am Start und ich war auch eingeladen. Um mit diesen Jungs Freude zu haben, überließ ich ihnen die ganze Verantwortung auf dem Spielfeld, fokussierte mich nur auf mein persönliches Spiel, spielte einfach unkompliziert und erlebte einen schönen Fußballnachmittag und viel Freude an alter Wirkungsstätte in der Öschhalle in Metzingen, wo einst mit den „Gymi-Kickern" alles begann. Geht dein Tacho Richtung Langeweile und Unterforderung, so überlege dir, wie du deine persönlichen Anforderungen und deine Einstellung verändern kannst. Zum Beispiel kannst du für die Mannschaft mehr Verantwortung übernehmen, mitdenken, mehr laufen, eine ungewohnte Position spielen oder nur mit dem schwachen Fuß spielen. Letzteres ist ein Scherz, aber es zeigt die großen Möglichkeiten, die es gibt, um deine persönlichen Anforderungen zu verändern, um fokussiert mit einer optimalen Herausforderung Freude im Spiel zu erleben.

Ich wünsche dir ein gutes Händchen bei der Wahl deiner Mannschaft und viel Freude bei deinem Sport.

Dieses Prinzip ist übertragbar. Bei jeder Sportart kannst du überlegen, wie du deine Herausforderung steigern kannst, wenn es dir zu langweilig wird. Um dich unter Druck kompetenter zu fühlen und dadurch weniger Stress, Druck und Versagensangst zu erleben, kannst du deine Fähigkeiten trainieren. Dafür gibt es für jeden Bereich sportartspezifische Übungsreihen und Trainingspläne und nicht zuletzt gute Trainer.

Eine weitere praktische und alltagstaugliche Alternative ist die Reduzierung der Erwartungen und Ansprüche, oft sind diese unbewusst überzogen und unpassend, geprägt durch unseren sozialen Kontext.

Ein Schlüssel zum Flow ist sicherlich das Heraustreten aus der Situation und die achtsame Selbstbeobachtung und Reflexion. Das aktiv erbetene Feedback von Trainer und Sportkameraden ist ein wichtiger Baustein zur guten Selbsteinschätzung, auch wenn es manchmal unbequem ist.

In welcher Tätigkeit blühst du auf, nimmst du dir Zeit dafür?
Welche konkreten Schritte musst du gehen, damit es noch mehr Freude macht?
Wer oder was bremst dich?

10. *HOHENZOLLERN* bei Hechingen

Wie kann ich mit Freude Arbeit und Familie vereinbaren?

Nach der ersten Einarbeitungsphase als Lehrer und ein paar Jahren Berufserfahrung ertappte ich mich bei Besuchen auf Jobseiten mit artverwandten Berufen. Wie kam es dazu, was stimmte nicht?

Mir machte es Freude, den Schülern etwas beizubringen, ihre Fortschritte zu beobachten, sie zu ermutigen und die Freude an ihren strahlenden Gesichtern abzulesen. Auch die Zusammenarbeit mit den meisten Kollegen erlebte ich positiv. Doch da war etwas anderes, was mich im wahrsten Sinne des Wortes bedrückte. Ich fühlte mich in meiner Tätigkeit als Lehrer, Vater und Ehemann ständig unter Druck. Ich fühlte mich unter Druck, den Bildungsplan genau umzusetzen, ich fühlte mich unter Druck, meine gesetzten Stundenziele zu erreichen, obwohl mir die Schüler alltäglich einen Strich durch die Rechnung machten. In der Schule gibt es ständig unvorhersehbare Störungen, aber auch pädagogisch verwertbare inhaltliche Wendungen. Es war mir nicht bewusst, wie wichtig mir war, was die Schulleitung von mir dachte. Ich wollte mich als guter Lehrer beweisen und machte mich dadurch emotional abhängig von Bemerkungen und Erwartungen meiner damaligen Schulleitung. Ob gezielt oder beiläufig, möchte ich nicht beurteilen, aber zuweilen hatte ich den Eindruck, dass sie mit Zuckerbrot und Peitsche agierte.

Motiviert erweitere ich mein Kenntnisse und Fähigkeiten bis heute. Gemäß den Flow-Prinzipien ist es selbstverständlich, ein ganzes Leben lang freiwillig zu lernen, dabei stets seinen Horizont zu erweitern und ein Etappenziel vor Augen zu haben. Vokationskurs (Erlaubnis zur Erteilung von Religionsunterricht), Ausbildung von Schülermediatoren und Fortbildung zum medienpädagogischen Berater führten schließlich dazu, dass mein fachliches Engagement und meine persönlichen Kompetenzen auch an höherer Stelle wahrgenommen wurden und mir zu einem unerwarteten Karrieresprung verhalfen.

Schließlich stieg ich in das Schulleitungsteam auf und stellte die Aktivitäten, die über die Schule hinausgingen, ein.

Insgesamt liefen meine ersten Berufsjahre also sehr erfolgreich, doch immer wieder gab mir mein Körper einen Hinweis, für den ich ihm sehr dankbar bin und der mir den Einstieg in die Selbstreflektion und somit auch die Tür zu meinem wahren Selbst öffnete. Mehrfach hatte ich in dieser Phase Probleme mit meiner Stimme. Es waren Kehlkopf- und Stimmbandentzündungen, die mich immer wieder außer Kraft setzten und mich zum Schweigen zwangen. Nachdem eine konservative Behandlung meine Probleme nicht nachhaltig lösen konnte, folgte ich den Hinweisen intuitiv und gelangte durch die Empfehlung eines Kollegen zu einem Logopäden.

Mich einem Therapeuten zu öffnen, der mich ganzheitlich betrachtete, bedeutete zum damaligen Zeitpunkt eine große Hürde für mich. Ich schämte mich dafür, dass ich therapeutische Hilfe für ein psychosomatisches Problem in Anspruch nahm. Beim Aufsuchen der Praxis zu den Therapieterminen wollte ich sicher sein, nicht beobachtet zu werden. Rückblickend ist mir diese Hemmschwelle noch mehr bewusst. Doch mein Leidensdruck war größer als meine Angst und ich fühlte, dass ich die richtige Fährte aufgenommen hatte. Die Zusammenarbeit mit meinem Stimmtherapeuten war sehr erfolgreich. Wir konnten in wenigen Wochen nicht nur meine Stimmprobleme nachhaltig lösen, sondern auch den für mich völlig neuen Weg der aktiven Selbstbeobachtung beschreiten. Ich lernte viel über die Wahrnehmung von Stress in meinem Körper, über Eigenverantwortung und über ganzheitliche Betrachtung von Problemen. Bewusst wurde mir dadurch vor allem, dass ich für mich selbst verantwortlich war und warum ich mich bedingt durch meine Biografie so sehr unter Druck setzte, dass ich die Freude an meinem Beruf verloren hatte. In dieser Geschichte spielte mein Vater, das damit einhergehende Gottesbild und die Beziehung zu meinen Vorgesetzten eine wichtige Rolle.

Ich fasste einen Beschluss: Ich wollte Lehrer bleiben und den Druck in meinem Leben reduzieren! Durch meine pädagogischen Kenntnisse war mir klar, dass ich das Gelernte auch zur Lösung anderer Probleme heranziehen konnte. Ich hatte an dem Beispiel meiner Stimme gelernt, mir selbst mehr Beachtung zu schenken, mir den Weg zu der Herkunft des Problems zu erschließen, um dann mein Bestreben gegenüber anderen Menschen in einem gesunden Maß zu vertreten. Ich ging mal wieder neue Wege.

Meine traumhafte Sicht aus unserem Esszimmerfenster öffnet mir den Blick auf eine weitläufige Pferdeweide. Das brachte eine vergessene Saite meines Lebens zum Klingen. Ich verspürte den Wunsch, die Brücke in die Vergangenheit zu schlagen und mir den Kindheitstraum, richtig Reiten zu lernen, zu erfüllen. In unserer Gegend gibt es sehr viele Pferdehöfe. So war es kein Problem, einen geeigneten Pferdehof für meine Reitausbildung zu finden. Ich nahm Übungsstunden und lernte den Umgang mit Pferden. Beim Einkauf meiner Reitstiefel begegnete ich einer guten Bekannten, die mir ein geeignetes Pferd für diesen Zweck zur Verfügung stellen wollte. Mein Ziel war es, so schnell wie möglich sattelfest zu werden, um in der Natur ausreiten zu können und dabei Achtsamkeit zu üben. Achtsamkeit gegenüber mir selbst, dem Pferd und auch Achtsamkeit auf die göttliche Stimme.

Pferde haben als eines von wenigen Tieren die Fähigkeit, die Befindlichkeiten des Reiters wahrzunehmen, diese zu spiegeln und dadurch lautlos, aber umso aussagekräftiger dem Reiter Feedback zu geben. Das war eine sehr interessante und aufschlussreiche Erfahrung, bei der ich mir völlig neu begegnete. Nicht umsonst werden Pferde häufig für therapeutische Zwecke eingesetzt. In dieser Phase waren Countryflair und Reiterfeste eine passende Abwechslung in unserem Dorf, an denen ich gerne teilnahm.

Nun hatte ich einen weiteren Meilenstein auf dem Weg zu mir selbst erreicht, doch ich wollte mehr davon und begann mir Bücher zu kaufen, von denen ich mir Unterstützung für meine aktive Lebensgestaltung versprach.

Das Zeitmanagement war für mich in dieser Phase zentral, wollte ich meinen Beruf erfüllend erleben, auf mich selbst achtgeben und noch ein guter Ehemann und Vater sein.

Das Buch „Simplify your life" von Tiki Küstenmacher half mir mein Leben zu entrümpeln und aktiv zu gestalten, anstatt mich fremdbestimmt zu fühlen. Intuitiv kristallierten sich die wichtigsten Säulen meines Lebens heraus: ich selbst, meine Familie, meine Arbeit und meine Gottesbeziehung, die ich immer wieder neu auf den Prüfstand stellte. Ich machte mir aufs Neue bewusst, wie wichtig es ist, dass alles im Leben seine Zeit hat, wie es bereits der sprichwörtlich weise König Salomo in Prediger 3 (Hfa) beschrieb. Ich möchte den Text hier zitieren, weil die Überschrift zwar bekannt ist, aber nicht oft deren ganzheitliche Aussage mit ihrer Tragweite.

„Alles hat seine Zeit
1 Jedes Ereignis, alles auf der Welt hat seine Zeit: 2 Geborenwerden und Sterben, Pflanzen und Ausreißen, 3 Töten und Heilen, Niederreißen und Aufbauen, 4 Weinen und Lachen, Klagen und Tanzen, 5 Steinewerfen und Steine sammeln, Umarmen und Loslassen, 6 Suchen und Finden, Aufbewahren und Wegwerfen, 7 Zerreißen und Zusammennähen, Schweigen und Reden, 8 Lieben und Hassen, Krieg und Frieden. 9 Was also hat der Mensch davon, dass er sich abmüht? 10 Ich habe erkannt, was für eine schwere Last das ist, die Gott den Menschen auferlegt hat. 11 Für alles auf der Welt hat Gott schon vorher die rechte Zeit bestimmt. In das Herz des Menschen

hat er den Wunsch gelegt, nach dem zu fragen, was ewig ist. Aber der Mensch kann Gottes Werke nie voll und ganz begreifen. 12 So kam ich zu dem Schluss, dass es für den Menschen nichts Besseres gibt, als fröhlich zu sein und das Leben zu genießen. 13 Wenn er zu essen und zu trinken hat und sich über die Früchte seiner Arbeit freuen kann, ist das Gottes Geschenk."

Diese Erkenntnisse brachten mich dazu, meine Woche aktiv zu planen, indem ich jedem Bereich eine angemessene Zeit einplante, um am nächsten Sonntag möglichst zufrieden auf das Vergangene zurückzublicken. So weit die Theorie. Jedoch wissen wir alle, dass das in der Praxis an einem Punkt scheitert, der auch für mich entscheidend war. Wir verplanen unbewusst sehr häufig mehr Zeit, als wir tatsächlich zur Verfügung haben. Deshalb ist es notwendig, tägliche Zeitpuffer für Spontaneität und Unausweichliches vorzusehen. Meistens werden wir sie brauchen und fühlen uns trotz Verzögerungen oder Zwischenfällen entspannt. Brauchen wir diesen Zeitpuffer nicht, so dürfen wir uns umso mehr über etwas frei verfügbare Zeit freuen, die wir spontan für etwas Schönes einsetzen können. Wenn du dich fragst, wie ich das alles in meinen Alltag integriere, so möchte ich dich ermuntern, die Stunden zu überschlagen, die du ungeplant und sinnlos vor dem Fernseher oder mit deinem Handy verbringst.

Bei jeglicher Reflexion und aktiver Lebensgestaltung ist es für mich unabdingbar geworden, Freude und Freunde zu berücksichtigen. Die Bücher von John Strelecky haben mich dazu motiviert, Freude aktiv zu suchen. Verpackt in wunderbare Geschichten half er mir sehr praktisch auf die Sprünge. Gemäß seiner Anleitung erstellte ich eine Liste mit Dingen, die mir Freude bereiteten, eine Liste mit Menschen, die ich rückblickend als mir zugewandt und freundlich in Erinnerung hatte. Daraus leitete ich die fünf wichtigsten Dinge in meinem Leben, die „Big Five for Life" wie sie Strelecky nennt, ab. Hierbei stellt sich die Frage nach den fünf wichtigsten Aspekten deines Lebens, die du in der Gegenwart und Zukunft erleben möchtest.

Schließlich konnte ich diese auf eine Vision für mein Leben in wenigen Sätzen konzentrieren. Eine wunderbare Übung, die mir sehr weitergeholfen hat, vor allem in Zeiten, in denen ich den Eindruck hatte, die Freude sei abhandengekommen. Nimm dir die Freiheit, dich immer wieder auf das Gute und Schöne, was da ist, zu konzentrieren! Deine Kraft wird dieser Aufmerksamkeit folgen. Probiere es aus.

„Bei jeder beruflichen Tätigkeit gibt es die Chance, Beschränkungen der Umgebung zu Möglichkeiten umzuwandeln, welche den Ausdruck von Freiheit und Kreativität ermöglichen" (nach „Flow, das Geheimnis des Glücks", S. 237). Und wenn es nur die Gedanken sind, mit denen du deinem Tun eine besondere Bedeutung gibst. Das haben schon zahllose Beispiele von Menschen gezeigt, die durch große Not gehen mussten.

Auch an dieser Stelle möchte ich auf meinen Motivationstacho verweisen. Frage dich, warum du unzufrieden bei der Arbeit bist: Geht es eher in Richtung Unterforderung und Langeweile oder Richtung Überforderung und Stress? Halte inne und finde es heraus!

Die Arbeitszeit kann oft als Paradox erlebt werden. Einerseits wollen wir Erfolg, Anerkennung und Selbstwirksamkeit erleben, andererseits haben wir die Tendenz, sie als Verschwendung persönlicher Freizeit zu interpretieren und lieber etwas anderes getan zu haben. Spätestens jetzt weißt du, dass es in großen Teilen an dir liegt, wie du Arbeit interpretierst und welche Bedeutung du ihr gibst. Egal, wie du dich entscheidest, deine Gefühle, die du bei der Arbeit erlebst, werden deiner Entscheidung und dem Fokus folgen. Dankbarkeit für den Verdienst, das Wohlergehen, die Kollegen, den Erfolg und die Anerkennung im positiven Sinne oder die Anstrengung, die unangenehmen KollegenInnen und der Raub der Freizeit im negativen Sinne.

Was ich für kaum möglich gehalten hätte, traf ein. Die gefällten Entscheidungen hatten positive Wirkung gezeigt, ich hatte meinen Beruf als Lehrer neu schätzen und lieben gelernt. Es ist eine sehr große Herausforderung, Kinder in unserem heutigen Schul- und Gesellschaftssystem gut und erfolgreich zu begleiten und diese Aufgabe auf Dauer mit Freude zu bewältigen. Gleichzeitig ist es aber auch eine Quelle der Freude und ein großes Resonanzfeld, junge Menschen bei ihrer Entwicklung zu beobachten und zu unterstützen. Ich war endgültig in meinem Beruf angekommen und erlebe ihn heute als Berufung. Das wünsche ich dir auch für deine Alltagsaufgaben.

Wie kannst du mit Freude Arbeit und Familie vereinbaren?
Welche Rolle spielt dein Vorgesetzter dabei?
Hast du den Mut, dich zu verändern?

11. *WANDBÜHL* bei Haigerloch

Wie kann ich für mich selbst sorgen, ohne egoistisch zu sein?

Unser Nest war gebaut, wir hatten Heimat gefunden. Die Baby-und Kleinkindphase unserer Kinder haben wir gut gemeistert. Meine Schwiegermutter kümmerte sich bei Bedarf um die Kinder und unterstützte uns, wo es nur ging. Manchmal mussten wir uns eher in Abgrenzung üben, damit wir als Familie unabhängig blieben und uns frei fühlten. Wir hatten sichere Arbeitsplätze, gute Freunde, eigentlich alles, was wir brauchten. Meine Frau und ich waren und sind ein gutes Team und haben unsere junge Familie erfolgreich gemanagt.

Wir hatten sogar den Luxus, dass wir uns als Paar ohne großen Aufwand freie Abende oder ganze Wochenenden gönnen konnten. Wir mussten Danielas Mutter nur rechtzeitig Bescheid geben, damit sie entsprechend planen konnte. Diese Zeiten waren mir sehr wichtig, weil ich im Alltag öfter das Gefühl hatte, in unserem Familiensystem und in unserer Ehe zu kurz zu kommen. Bis zu diesem Zeitpunkt war es selbstverständlich, dass ich zurückstecken musste. Ein Leben auf dem Land mit Haus und Garten, mit drei Schulkindern und deren Freizeitaktivitäten und zuletzt auch wir als Eltern mit unseren Hobbys – also kein Wunder, dass da wenig Zeit für Beziehungspflege war.

Aber mein Problem saß tiefer, zunächst unbewusst beeinträchtigten Glaubenssätze aus längst vergangener Zeit mein Lebensgefühl. Die Annahme, ich sei nie gut genug, trieb mich bis zur Erschöpfung an und die Überzeugung, es sei hauptsächlich meine Aufgabe, mich um die Bedürfnisse meiner Frau, meiner Familie, meines Vereins, meiner Gemeinde zu kümmern, brachten mich von Zeit zu Zeit an den Rand eines Burn-out. Doch wer oder was war die Ursache? Ich fühlte mich immer wieder in einer Sackgasse von Pflichten und Erwartungen gefangen, ohne richtig vorwärtszukommen.

Zum Glück hatte ich aus früheren Krisen gelernt, mir helfen zu lassen. Dankbar nahm ich die Hilfe eines Lebensberaters an, auch wenn ich dabei immer noch eine Hemmschwelle überwinden musste. Mit der professionellen Hilfe und meiner Lernbereitschaft ging es schnell aufwärts, zumal ich theoretisch schon vieles wusste. Es waren meine Glaubenssätze, nicht gut genug zu sein, und das Ungleichgewicht zwischen Nächstenliebe und Selbstfürsorge, die mir die Freude raubten und heimlich meine Energie abzogen.

Sowohl in der Arbeit als auch zu Hause geriet ich immer wieder in ein Hamsterrad. In der Schule waren es mein Chef und die Kollegen, die Leistung von mir gewohnt waren, und ich ließ mich mit Lob und Anerkennung zu noch mehr Engagement und Leistung verleiten, bis ich ermüdete. Bis dahin war ich davon ausgegangen, dass die anderen für meine Situation verantwortlich waren. Ja, jeder von uns lebt in einem System, in dem wir uns Verhaltensmuster angewöhnen, die wir, meist unbewusst, für richtig halten. Leider sind diese oft nicht gesund, manchmal sogar zerstörerisch. Genau dafür sind Krisen gut, sie helfen uns innezuhalten, nachzudenken und durch Achtsamkeit bewusst zu werden, was mit uns passiert.

Solange alles scheinbar gut läuft, hinterfragen wir uns nicht und leben in unserem Alltagstrott, obwohl auch in diesen Phasen eine Weiterentwicklung lohnend wäre. Krisen stellen uns bildlich das Bein, wecken uns auf, geben uns gelegentlich eine Ohrfeige. Bei mir war es eher wie bei einem Reifen, dem unbemerkt und langsam die Luft entweicht. Keine dieser Erfahrungen scheint zunächst angenehm, später können wir dankbar dafür sein, wenn sie einen heilsamen Entwicklungsprozess auslösen konnten.

Dankbar bin ich auch für mehrere Fortbildungen, bei denen ich viel über die Bedeutung von Feedback lernte. Wir übten, Feedback zu geben, zu erbitten und wertzuschätzen. Ungebetene Rückmeldungen zu würdigen oder Kritik als kostenloses Coaching zu deuten und dankend anzunehmen. Dies ist für mich ein Entwicklungsziel und eine hohe Kunst. Wenn ich ausgeglichen bin, ist es ein schönes Alltagsspiel, das ich manchmal ausprobiere.

Unfreiwillig hatte ich das ansatzweise schon in meiner Jugendzeit lernen müssen, so ist das, wenn man der 15. von 18 ist. Wir haben uns in der Familie oft schonungslos die „Wahrheit" gesagt. Als ich wieder einmal die Kritik nicht ertragen konnte, nahm sich mein Bruder Michael die Zeit, um mir seine schon damals reife Sichtweise zu erklären. Das hat mich zum Nachdenken angeregt, ich bin ihm heute noch dankbar dafür. Bei uns war immer etwas los, wir lebten in einem großen Haus, durften unkompliziert Gäste mitbringen. Die Devise meiner Mutter war, dass es bei so vielen Kindern auf ein oder zwei Gäste nicht ankommt. Umgekehrt waren auch wir oft bei Freunden der Familie zu Gast. Die ausgeprägte Gastfreundschaft hatten wir aus Siebenbürgen mitgebracht und war stets ein Markenzeichen unsere Familie. Die vielen Begegnungen haben bereichert und unseren Horizont erweitert, auch wenn die Gäste nicht zu jeder Zeit für mich gelegen kamen.

Aus meiner heutigen Sicht ist der Resonanzraum meiner Großfamilie eine wahre Goldgrube von unschätzbarem Wert. Wir haben gegenseitig viel ausgeteilt und eingesteckt. Verletzt und vergeben, gestritten und versöhnt. Bis heute sind wir Geschwister und Freunde zugleich.

Als Großfamilie mit aktuell über 110 Mitgliedern (Geschwister, Partner, Kinder mit Partner und Enkelkinder) treffen wir uns in jedem ungeraden Jahr, in den geraden Jahren treffen sich Brüder und Schwestern getrennt und ohne Anhang. Das sind wunderbare Zeiten, bei denen wir feiern, Sport treiben, uns erinnern und diskutieren. Manchmal bedarf es auch hier Achtsamkeit, um nicht in alte Muster zurückzufallen.

Nun komme ich zu der jüngsten und letzten Herausforderung, die ich in diesem Buch beschreiben möchte. Emotional war es vielleicht meine größte Krise. In der Beziehung mit meiner Frau lebten wir bestimmte Verhaltensmuster, die ich nach all den Erkenntnissen und Entwicklungen ändern wollte. Daniela war zu dieser Zeit mit anderen Herausforderungen beschäftigt, was immer wieder zu Konflikten führte.

Als ich 2018 drauf und dran war, mich diesem Prozess zu stellen, bekam ich auf dem Weg zur Weihnachtsfeier einen Anruf mit schlechten Nachrichten von meiner Frau. Sie war beim Arzt und hatte eine erschreckende Diagnose bekommen, zwei Tage vor meinem 43. Geburtstag und fünf Tage vor Weihnachten. Eine Woche später, kurz vor ihrem Geburtstag, wurde die Diagnose bestätigt und eine mögliche Therapie geplant. Das war ein großer Schock für unsere ganze Familie. Die nächste Zeit war von genaueren Untersuchungen und Beratungen geprägt. Wir waren verzweifelt und machten uns große Sorgen um ihre Gesundheit. Damit waren auch viele Ängste um ihr Leben, unsere Familie und unsere Beziehung verbunden. Im ersten Halbjahr 2019 war meine Frau mit der Behandlung und deren Nebenwirkungen belastet. Ich versuchte sie, so gut es ging, zu unterstützen und mich um die Kinder zu kümmern. Wir erfuhren von ihrer Mutter und ihrem Vater großartige Unterstützung, das war auch mental eine große Hilfe. Nachdem sich der erste Schock gelegt hatte, quälten mich viele Fragen und Zweifel. Warum, warum, warum?

Ich war enttäuscht vom Leben und von Gott.

Wenn ich an diese Phase zurückdenke, habe ich die vielen Ängste und Befürchtungen vor Augen, die mich plagten. Die meisten beruhten nicht auf Fakten, sondern waren ein Produkt meines Kopfkinos. Die Krankheit war ernst, aber durch die frühe Diagnose und kompetente Beratungen war eine erfolgreiche Behandlung wahrscheinlich. Wir leben in einem Land mit einem der besten Gesundheitssysteme. Wir haben eine überdurchschnittliche Krankenversicherung, ein großes und soziales Netzwerk. Schließlich hatten wir auch den Glauben an einen Gott, der uns liebt, auch wenn wir das nicht zu jeder Zeit spüren konnten. Wir hatten die Hoffnung, nicht der Willkür des Schicksals ausgeliefert zu sein.

In dieser Krise war es mir zeitweise unmöglich, den Blick auf das Gute zu lenken und dankbar zu sein. Diese Phasen gibt es und wird es wahrscheinlich immer wieder geben. Doch je mehr wir gelernt haben, achtsam zu sein, und auch den Schmerz zulassen können, desto früher sehen wir Licht am Horizont, können mit der Kraft der Hoffnung die Herausforderung annehmen und in den bereits vertrauten Schritten zur Freude, vielleicht sogar zum Flow zurückkehren. Es schadet uns, im Selbstmitleid zu verharren, und blockiert uns auf vielen Ebenen.

Arun Gandhi schreibt in seinen Buch „Wut ist ein Geschenk", DuMont, Köln bei seinen universell gültigen fünf Säulen der Gewaltlosigkeit auf Seite 175:

> „Wir tun uns Gewalt an, wenn wir uns auf das konzentrieren, was wir nicht haben, auf das, was uns fehlt, anstatt das zu schätzen, was uns geschenkt wurde. […] Indem man mehr Wertschätzung in sein Leben bringt, kann man seine Haltung und seine Perspektive auf die Welt verändern."

Sehr bemerkenswert finde ich den Hinweis, dass wir uns mit unserem falschen Fokus selbst Gewalt antun. Mal wieder sind wir gefordert, selbstverantwortlich zu handeln, durch die Konzentration auf das Gute und auf die Möglichkeiten, aus dem Selbstmitleid herauszukommen. Genau darin sehe ich unsere Befähigung in der Ebenbildlichkeit Gottes. Der Schöpfer hat uns mit wunderbaren Fähigkeiten ausgestattet und mit freiem Willen. Durch die Freiheit der Entscheidung haben wir auch eine große Verantwortung. Wir können und müssen entscheiden, wohin wir unsere Blicke wenden und worauf wir uns konzentrieren.

In dieser Phase nahm ich ein bereits gelesenes und bekanntes Buch zur Hand, dass mir auf meinem Weg aus dem Tief helfen sollte.

Kay Pollaks Buch „Sich für die Freude entscheiden" hatte mir schon zu einem früheren Zeitpunkt geholfen.

Es unterstreicht im Wesentlichen die Erkenntnisse, die uns aus der Flow- bzw. Glücksforschung zu Verfügung stehen: Freude kommt nicht immer von selbst, willst du in herausfordernden Zeiten Freude erleben, musst du dich für sie entscheiden. Manchmal ist sogar eiserne Disziplin und Konzentration nötig.

Manchmal werden wir aber auch auf den Flügeln der Hoffnung auf eine bessere oder sogar herrliche Zukunft getragen. Dann ist Freude ein göttliches Geschenk.

Durch die vielen Lerneinheiten meines Lebens habe ich viele Fortschritte gemacht. Ein Problem jedoch nagte immer noch an mir. In manchen Situationen war ich immer noch nicht fähig, mich von äußeren Einflüssen unabhängig zu machen. Wenn ich mich schlecht fühlte, machte ich unbewusst häufig meine nächsten Mitmenschen dafür verantwortlich.

Das führt mich zu meiner nächsten Frage.

Wie kann ich für mich selbst sorgen, ohne egoistisch zu sein?

In meiner ganzen Kindheit und Jugendzeit hatte ich gelernt, durch Unterstützen und Helfen von anderen Menschen Aufmerksamkeit und Anerkennung zu bekommen, kritisch zugespitzt könnte man auch sagen: Ich wurde konditioniert, mich an den Erwartungen und Vorgaben meiner Mitmenschen zu orientieren. Angefangen mit meinen Eltern, meinen Geschwistern, später mit meinen Freunden. Auch mein damaliges Gottesbild war in die Richtung geprägt, Gott durch Einhaltung der Gebote und Richtlinien gefallen zu wollen. Mir war und ist Gemeinschaft sehr wichtig. Dabei ist die Achtsamkeit gegenüber mir selbst verloren gegangen, unwissend und unbewusst habe ich mir die Achtsamkeit in unserem familiären Wertesystem abtrainiert. Ich hege da keinen Groll, aber spätestens jetzt, seit ich ein reifer Mensch bin, trage ich die Verantwortung für eine Korrektur. Ich bin dafür verantwortlich, meine drei wichtigen Beziehungen (zu mir selbst, zu Gott und meinen Mitmenschen) in Balance zu bringen. Sogar jetzt beim Schreiben merke ich, wie ich eine Hemmschwelle überwinden muss, um die Beziehung zu mir selbst angemessen zu beschreiben.

Durch die Fixierung auf die Familie und Gemeinschaft konnte ich mich auch lange kaum allein aushalten. Ich konnte nicht allein sein, ohne mich einsam zu fühlen, wie ein Freund es ausdrückte. Damit gebe ich eine große Verantwortung ab. Ich erwarte von meiner Frau, meiner Familie, meinem Chef, mich durch Aufmerksamkeit und Anerkennung zu erfüllen. Aber das ist nicht fair und macht abhängig zugleich. Haben wir jedoch unsere Beziehung zu uns selbst und unsere Bedeutung für unser Leben gefunden, sind wir frei. Das beinhaltet für mich auch die Klärung der Beziehung zu Gott, der uns seinerseits bedingungslose Liebe zugesagt hat. Das ist für mich echte Freiheit.

Jesus sagt in Johannes 8,31-32: *„Ihr werdet die Wahrheit erkennen, und die Wahrheit wird euch befreien."*

Noch nie habe ich mich so frei gefühlt wie jetzt!

Ich bin auf gutem Weg, meine Erfüllung nicht mehr von außen zu erwarten, ich habe schon, was ich brauche, auch wenn ich es nicht immer fühle. Alles, was jetzt durch meine Partnerin, meine Familie, Freunde, Gemeinde und Hobby hinzukommt, ist ein Bonus, ein Geschenk, das Sahnehäubchen und Grund zu Dankbarkeit und Freude.

Sorgst du für dich?
Wie gelingt die Work-Life-Balance?
Wie sieht deine aktive Wochenplanung aus?

12. *HERZOGENHORN* im Hochschwarzwald

Warum Mountainbiking und wie komme ich beim Biken in den Flow?

Wie bereits im Vorwort angeklungen begann meine Mountainbike-Erfahrung nach meiner aktiven Fußballkarriere mit ein paar Jungs aus einem Dorf. 2006 begannen wir mit den ersten Ausfahrten. In den ersten Jahren waren sie noch etwas unregelmäßig und kurz, da wir nicht trainiert waren. 2010 bildete sich eine stabile Gruppe von etwa fünf Bikern. Im Sommer 2014 wuchs unsere Gruppe noch mal. Im September 2014 war es so weit, wir gründeten zur Vereinfachung unserer Verabredung eine WhatsApp-Gruppe mit dem Namen „Col de Kirchberg". Der Name entstand aus einem spontanen Einfall heraus, hätte aber nicht treffender sein können. Unser „Hausberg", auf dem das gleichnamige Kloster Kirchberg steht, und dessen höchster Punkt, der Wandbühl mit seinem markanten Gipfelkreuz, ist so was wie der Ankerpunkt unserer Gruppe geworden.

Die meisten kannte ich vom Fußball, außer Arnold, der zu meinen Altersgenossen in meinem neuen Dorf gehörte. Auch beim Vater-Kind-Wochenende hatten wir uns bereits am Lagerfeuer unterhalten und uns über spirituelle Erfahrungen ausgetauscht. Dabei staunte ich über seine Offenheit. Nun also das Wiedersehen auf einer anderen Plattform. Wir vertieften unsere Freundschaft durch die regelmäßigen Ausfahrten unserer Mountainbike-Gruppe, deren gesellige Abrundung immer ausgeprägter wurde. 2015 wurden die Ausfahrten im Frühjahr ab der Umstellung auf die Sommerzeit regelmäßig eingeplant. Wir waren etwa fünf und ich besaß das älteste Fahrrad, nicht einmal eine Federgabel hatte es.

Gemäß meiner Prägung wollte ich zuerst testen, ob sich eine Neuinvestition lohnen würde. Ja, sie würde sich lohnen, so kaufte ich 2017 eines der damals auf den Markt drängenden „Twenty-Niner". Die Anschaffung eröffnete mir fahrtechnisch neue Dimensionen und ich konnte meine Fähigkeiten ausbauen, die Geschwindigkeit erhöhen und damit einhergehend noch mehr Freude beim Biken erleben.

Unsere Freude und unsere Gemeinschaft hatten Wirkung und wir wuchsen weiter und fügten unseren wöchentlichen Ausfahrten am Mittwoch Wochenendevents hinzu. 2017 nahmen wir uns zum ersten Mal eine Ferienwohnung an der Baiersbronner Sommerhalde. Obwohl es noch August war, mussten wir uns mit herbstlichen Bedingungen zufriedengeben. Wir starteten im Tal bei gut zehn Grad und Nieselregen, ließen uns die Freude aber nicht nehmen und erreichten die Darmstädter Hütte auf 1030 m über NN um die Mittagszeit bei vier Grad und Nebel. So was im August, das war eine Flow-Erfahrung für Fortgeschrittene, obwohl ich mir dessen damals noch gar nicht bewusst war. Irgendwie versuchten wir unsere feuchten Klamotten in dem kühlen Gastraum zu trocken, was nur mäßig gelang. Trotzdem sah die Welt nach einer Mittagspause wieder besser aus und wir genossen den zweiten Teil der Tour, der deutlich weniger Anstrengung und mehr Geschwindigkeit für uns bereithielt, auch die Vorfreude auf eine warme Dusche steigerte unser Wohlbefinden. Trotz des miesen Wetters und der Anlaufschwierigkeiten hatten wir es gemeinsam geschafft, einen unvergesslichen Tag zu erlebenden, an den ich gern zurückdenke. Ein weiterer Hinweis auf die Macht und Kraft der Gedanken und der Einstellung. Rückblickend scheint es, dass die Freude mit der Länge und Schwierigkeit der Touren stets zunahm. Siehe dazu auch die Grafik zum Flow-Kanal auf Seite 24.

Es muss 2018 gewesen sein, als unsere Kinder immer größer wurden und weniger Betreuung brauchten. Ich nahm mir endlich die Zeit, um in mich hineinzuspüren und festzustellen, was meine Wünsche und Ziele waren. In mir entstand die Idee und Vision, auf dem Fahrrad eine Verbindung zwischen meinem jetzigen Wohnort und meinem Geburtsort in Rumänien herzustellen. Ich beschloss, dies mit einer Radreise entlang der Donau zu gegebener Zeit umzusetzen. Die Donau ist die perfekte Verbindung zwischen Südwestdeutschland und Rumänien – mit einer starken Symbolkraft. Oft hatten sich unsere Wege auf den Rumänienreisen in den 80er-Jahren, bei denen wir unsere Verwandten in der alten Heimat besuchten, gekreuzt. Und 30 Jahre später hatte ich mehrere traumhafte Vater-Kind-Wochenenden auf einem Zeltplatz an der oberen Donau verbracht. Jetzt wohnte ich Luftlinie circa 40 km von der oberen Donau entfernt.

Ausgelöst durch den Lockdown in der ersten Corona-Welle 2020 wurde der Traum von der ersten Radreise früher Realität, als ich zu träumen gewagt hätte.

Als Einstimmung auf die große Reise entlang der Donau beschloss ich kurzfristig, im Sommer von Haigerloch nach Vevey zu meinem Bruder und meiner Schwester an den Genfer See zu fahren. Ich fragte unsere beiden größeren Kinder, ob sie mich begleiten würden, Noah sagte sofort ab, Naomi ließ sich etwas Zeit und sagte mir zu meiner Überraschung ein paar Tage später zu. Ich hatte gewisse Bedenken, doch war ich mir sicher, dass wir es bei entsprechender Vorbereitung gemeinsam schaffen könnten. Naomi war bis dahin im Jahr 2020 kaum einen Kilometer Fahrrad gefahren. Bedingt durch den Lockdown und die Absage aller Fußballtermine war ich hingegen so viel wie noch nie gefahren. Die Unterschiede zwischen unseren Trainingszuständen schienen fast unüberbrückbar.

Doch war ich von der Idee einer Vater-Tochter-Reise so begeistert, dass ich meinerseits alles dafür tun wollte, um unsere gemeinsame Fahrt zu einem unvergesslichen und schönen Erlebnis zu machen. Ich gab der Reise die Bedeutung einer Abrundung unserer Vater-Kind-Beziehung, die so dramatisch und intensiv begonnen hatte. Jetzt sollte sie mit dieser Reise umgewandelt werden in eine Vater-Tochter-Beziehung auf Augenhöhe, in der ich Naomi als Erwachsene respektierte.

Am Beispiel dieser Radtour will ich schematisch erklären, wie wir trotz sehr unterschiedlicher Voraussetzungen eine traumhafte Radreise von Haigerloch-Gruol nach Vevey am Genfer See in der Schweiz im Flow erlebten.

Die Einladung zu einem Vortrag von Harald Philipp hatte ich bereits erwähnt, sieben Jahre später hat das dazugehörige Buch „Flow, warum Mountainbiken glücklich macht" eine ganz andere Dimension für mich bekommen. Die für mich wichtigen Punkte lasse ich in meine folgenden Beschreibungen einfließen, folge aber im Wesentlichen der bereits erläuterten Logik, die sich an den Erkenntnissen aus dem Buch „Flow, das Geheimnis des Glücks" von Mihaly Csikszentmihalyi orientiert.

Erzwungen durch den Lockdown 2020 war der Moment prädestiniert, um anzuhalten, in diesem Fall sogar angehalten zu werden, um mir grundsätzliche Gedanken zu machen, zu reflektieren, zu visionieren und konkrete Pläne zu schmieden.

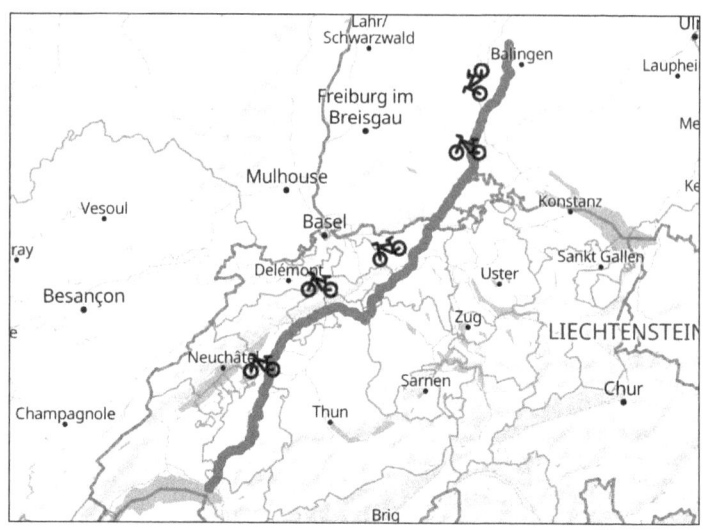

© Printmaps.net / OSM Contributors
Karte 1 Vater-Tochter-Reise 2020

1. Lerne zu visionieren

Der langfristige Plan, die Reise entlang der Donau zu machen, war schon da. Nun ergab sich durch diese Situation die Möglichkeit, mich darauf vorzubereiten und als glückliche Fügung wollte meine Tochter mich begleiten.

Da waren wir also schon mitten im ersten Schritt des Prozesses. Wir hatten unsere Ängste überwunden und beschlossen, dieses Reiserisiko einzugehen. Die Neugierde und die Chance, Neues und Schönes zu erleben, hatte gegen Angst, Bedenken und Trägheit gewonnen. Wir beschlossen, unserem Corona-Alltag zu entfliehen und uns diese Auszeit zu nehmen. Es war eine wunderbare Vorstellung, in der Sommerwärme diese Reise zu wagen und nach anstrengenden, aber schönen Radtagen in einer Herberge zu übernachten und schließlich nach sechs Etappen in den Genfer

See zu springen, unsere Verwandten in die Arme zu schließen und ein herrliches Wochenende am See zu genießen.

Eine sehr wichtige Voraussetzung war aus meiner Sicht die Freiwilligkeit von Naomi, sich dieser Herausforderung zu stellen, da sie auf dem Mountainbike noch untrainiert war und ihre Fitness zu wünschen übrig ließ. Für mich bestand die Herausforderung darin, die Unterschiedlichkeit der körperlichen Fähigkeiten auszuhalten bzw. in unsere Planungen einzubeziehen.

Wir einigten uns mit dem Rest der Familie auf einen Termin im August 2020. Wir hatten Glück, dass unsere Planungen nicht den damaligen Reisebeschränkungen zum Opfer fielen.

Nach meiner Einschätzung sollten in dieser Kombination 60 km und 600 hm (Höhenmeter) pro Tag machbar sein. Einen Tag Pufferzeit hatten wir ebenfalls eingeplant. Für die ersten Tage buchten wir schon Zimmer, für die restlichen Tage ließen wir den Übernachtungsort offen, um flexibel reagieren zu können.

Um die unterschiedliche Fitness auszugleichen, damit es mir gemäß dem Motivationstacho nicht langweilig wurde, übernahm ich den Gepäcktransport und die Routenführung. Was die allgemeine Routenplanung beim Mountainbiken angeht, ist die Berücksichtigung der technischen Fähigkeiten und der Fitness der Teammitglieder wesentlich. Dadurch können die Bedingungen angepasst und der Flow für das ganze Team erleichtert werden.

Während der Vorbereitung stellten wir noch fest, dass Naomi sich auf ihrem damaligen Rad nicht wirklich wohlfühlte, zum Glück fanden wir trotz Bike-Notstand noch ein passendes Rad. Ich brauchte noch einen stabilen Gepäckträger und Satteltaschen für mein Mountainbike. Selbstverständlich braucht jeder für sein Vorhaben die passende Ausrüstung. Das ist nicht unbedingt

Grundvoraussetzung, fördert aber die Freude enorm bzw. erspart viel Frust und Schmerzen.

2. Fähigkeiten entwickeln

Nun galt es die detaillierte Streckenführung zu planen, die uns eine gute Herausforderung bot. Wichtig waren uns abwechslungsreiche Wege und Pfade, gleichzeitig durften wir unsere Gesamtdistanz nicht außer Acht lassen. Wir wollten als Mountainbiker möglichst viel Spaß haben und trotzdem vorwärtskommen. Wir wollten im Sinne des Flows spielend fahren. Naomi musste sich noch die nötige Fitness antrainieren und sich im Trainingsfleiß üben, ich musste lernen, mich auf eine Mountainbike-Reise mit cirka 20 Kilo Gepäck am Bike einzustellen. Das erweiterte unseren Horizont auf unterschiedliche Art und wir lernten beide dazu. Dieser Lernzuwachs und das Gefühl, sich weiterzuentwickeln, spielt beim Flow auch eine wichtige Rolle.

Vielleicht ahnst du schon, dass es für eine ganze Familie mit der Unterschiedlichkeit ihrer Mitglieder eine sehr große Herausforderung ist, eine Radreise dieser Art im Flow zu erleben.

3. Feedback und Resonanz

Mir war es bei diesem Projekt besonders wichtig, mich auf die Kommunikation und Resonanz mit meiner Tochter einzulassen. Sollten beide diese Reise als wertvoll und schöne Erfahrung in Erinnerung behalten, war die gegenseitige Achtsamkeit unerlässlich. Als ich einmal aus Furcht vor dem Regen das Tempo von Naomi missachtete und die Distanz in unübersichtlichem Gelände zu groß wurde, bekam sie Angst, und unsere Harmonie war gestört.

Du erinnerst dich noch? Angst ist der größte Gegner des Flows. Ich hatte Angst vor dem Regen, sie hatte Angst, mich aus den Augen zu verlieren. Für die allgemeine Anwendung sollte jeder für sich wissen, was seine Bedürfnisse sind, lernen, sie zu kommunizieren und sie in die Gruppendynamik zu integrieren. Einerseits sind die Bedürfnisse individuell, andererseits können wir in der Gemeinschaft in eine weit größere Dimension der Freude vorstoßen. In diesem Spannungsfeld leben wir beim Biken, in der Familie und bei der Arbeit. Dein Flow muss nicht mein Flow sein, aber gemeinsam können wir noch mehr Freude erleben, nach dem Motto: Geteilte Freude ist doppelte Freude.

4. Konzentrieren – Zeitmanagement

Es geht nicht anders: Wollen wir Flow erleben, müssen wir gute Voraussetzungen für ihn schaffen. Das bedeutet beispielsweise, die Zeit auf dem Rad fest einzuplanen, um nicht von anderem abgelenkt zu werden, sondern den Kopf freizuhaben. Es klingt paradox, dass wir einerseits einen Zeitrahmen schaffen, um andererseits im erlebten Flow die Zeit zu vergessen.

Es fällt uns heutzutage besonders schwer, uns nicht ablenken zu lassen. Das Handy ist der größte Gegner von Konzentration und Achtsamkeit.

Unsere Reise von 360 km und 3600 hm scheint sportlich nicht sehr ambitioniert. Betrachtet man das Projekt als Ganzes, kann man die Idee verstehen. Wir haben der Reise eine weit größere Bedeutung gegeben als Kilometer und Höhenmeter und haben uns auf das konzentriert, was uns wirklich wichtig war: auf die gemeinsame Freude an der Reise und die Zeit zur Erholung und des Genusses im Kreise der Familien meiner Geschwister bzw. des Patenonkels von Naomi.

Dadurch, dass wir für das gesamte Projekt neun Tage eingeplant hatten, konnten wir die Zeit genießen ohne das Gefühl, irgendetwas anderes tun zu müssen oder etwas zu verpassen.

5. Steuerung des Bewusstseins

Trotz aller Planungen war ich auf der Strecke immer wieder versucht, mich von den Gedanken an die Vergangenheit und den kleinen und großen Sorgen der Zukunft ablenken zu lassen. Das war eine wahre Achtsamkeitsübung, mein Bewusstsein auf die Strecke und meine Wahrnehmungen im Hier und Jetzt zu lenken. Beim Mountainbiken gelingt uns das leicht und wir kommen genau dort an, wo wir hinwollen: im Hier und Jetzt. Ich denke, dass dies einer der Gründe ist, warum sich Mountainbiken einer so großen Beliebtheit erfreut. Beim Radfahren gibt es viele Dinge, worauf wir unsere Achtsamkeit richten können: auf die Beschaffenheit des Weges, die Geräusche der Räder und speziell unsere Körperwahrnehmungen, unseren Atem, den Fahrtwind auf unserer Haut, um nur ein paar Beispiele zu nennen. Das Unterwegssein in der Natur erdet uns in besonderer Weise, ich spüre diese Verbundenheit mit der transzendenten Kraft, die mir nahekommt, aber weit über meinen Horizont hinausgeht. Im engen Kontakt mit der Natur wird das Übernatürliche spürbar.

Ich kann die Weisheit nicht oft genug wiederholen: „Energy flows where attention goes", die Energie folgt der Aufmerksamkeit. Wenn wir das in der Gegenwart spüren können, ist alles super, wir sind mit unseren Sinnen genau dort, wo wir sein wollen. Das ist stimmig, erscheint manchmal sogar magisch.

6. Klarheit – Entschlossenheit

Gehen wir mit Klarheit und Entschlossenheit diesen Weg, dann steht persönlichen Spitzenleistungen nichts mehr im Wege, diese müssen nicht zwingend messbar sein, die subjektive Wahrnehmung zählt. Du merkst selbst, wie groß der Anteil am Flow Kopfsache ist. Wir benutzen diesen Ausdruck umgangssprachlich oft, sind uns aber nicht bewusst, was das genau bedeutet. Der Werbeslogan „Mach es zu deinem Projekt" (Hornbach) bringt es für mich auf den Punkt, es ist wie eine Einverleibung. Manchmal passiert das wie von selbst, wollen wir aber Flow gezielt erleben, kann es viel Übung und Selbstdisziplin bedeuten. Auch Naomi und ich hatten unsere Stimmungstiefs, in denen wir uns gefragt haben, warum wir uns die Plackerei antun. In diesen Situationen hilft es ungemein, sich an das Gute und Schöne zu erinnern, was da ist, sich den Sinn des Projektes vor Augen zu halten. Wie wir wissen, wird die Flow-Erfahrung umso intensiver erlebt, wenn sie mit einer gesunden Anstrengung verbunden ist. Dann werden Aussichtspunkte magisch und Etappenziele episch.

Nach fünf Tagen auf Tour stieg die Spannung enorm. Wann würden wir die weißen Gipfel der Alpen sehen, den ersten Blick auf unser Ziel, den Genfer See, erhaschen? Wir waren auf der letzten Etappe von Fribourg nach Vevey.

Ein letztes Plateau bei Vaulruz überwinden und dann der Blick auf den See, ich hatte Gänsehaut trotz Sommerhitze.

Auf landwirtschaftlichen Wegen rollten wir ins Tal, alles schien mir so unglaublich, wir hatten es tatsächlich geschafft, Gott sei Dank ohne größere Pannen und Stürze.

Auf dem Weg ins Tal habe ich mehrmals leise vor Glück geweint. Wir erreichten den See an der vereinbarten Badestelle, legten unser Gepäck ab, zogen unsere Schuhe aus und sprangen in unseren Radklamotten in den erfrischenden Genfer See. Wir genossen die Abkühlung und ruhten uns etwas aus, bis wir von Ben in Empfang genommen wurden. Den lauen Sommerabend werden wir nie vergessen.

Abb. 6 Ankunft in Vevey

Dieses Bild entstand am Ankunftsabend und sagt mehr, als ich es mit Worten beschreiben kann.

Im Mai 2021 sollte es tatsächlich wahr werden, ich startete meine erste Etappe von meiner Radtour nach Rumänien bzw. ans Schwarze Meer.

Was ist deine größte Leidenschaft?
Nimmst du dir Zeit dafür?
Worauf liegt dein Schwerpunkt?

13. *WIENERWALD* bei Wien (A)

Wie kann ich meine persönliche Reise in die Vergangenheit optimal gestalten?

Diese Tour war für mich ein Projekt, bei dem ich das Gelernte in die Tat umsetzte. Ich fühlte mich wie ein Geselle, der einiges gelernt hatte und das mit seinem Gesellenstück abschloss. Mit dem Bericht über dieses mehrjährige Reiseprojekt möchte ich dich motivieren, dein persönliches Projekt, von dem du schon lange träumst, Realität werden zu lassen. Es ist mein Beispiel, deins kann genauso eine Tour auf dem Motorrad, ein Pilgerweg zu Fuß oder eine andere Art von Reise zu deinem Selbst sein. Die Hauptsache ist, dass du den Mut hast, deiner Sehnsucht nachzugehen und deinen Traum Wirklichkeit werden zu lassen, Schritt für Schritt, wie beschrieben. Du wirst staunen, dankbar sein und deinen Flow erleben.

Nun möchte ich dich auf meine Radreise nach Rumänien mitnehmen, von der ich lange geträumt und die ich nach den Regeln des Flows geplant und realisiert habe.

Des Öfteren habe ich darüber sinniert, warum dieser Wunsch, mit dem Fahrrad nach Rumänien zu reisen, in mir entstanden und gewachsen ist. Irgendwie schien ich noch eine Rechnung mit dem Lebenskapitel offen zu haben. Manchmal hatte ich das Gefühl, dieser Abschnitt meines Lebens sei wie ein Schatten, dem ich begegnen und den ich auflösen wollte. Ich war selbst gespannt, was diese Tour in meine Vergangenheit mit mir machen würde.

Was mit einer Vision begann, wurde zu meinem Ziel und setzte ich mit klaren Plänen und konkreten Vorbereitungen fort. Auch wenn ich (noch) nicht den genauen Grund kannte - vielleicht gerade deshalb habe ich eine persönliche Motivation entwickelt, diese Herausforderung anzunehmen und dafür auch viel

Zeit auf dem unbequemen Fahrradsattel und ein wenig Geld zu investieren.

Meine größer werdenden Touren und die Radreise 2020 in die Schweiz waren Teil dieses Plans (Ziele und Unterziele formulieren, Fähigkeiten entwickeln, Resonanz wahrnehmen usw.).

Den Regeln des Flows folgend habe ich mich dieser selbst gestellten Aufgabe gewidmet und sie auch in meinen Alltag integriert. Mit meiner Familie hatte ich die Pfingstferien 2021 als passende Reisezeit auserkoren.

Die Pandemiewelle klang im Frühjahr 2021 rechtzeitig zum geplanten Reisetermin ab, Gastwirtschaften öffneten wieder. Der Reise stand nichts mehr im Weg.

Bei meinen Überlegungen zu meiner Reise nach Rumänien wollte ich das optimale Maß an Herausforderung finden, dazu gehörte auch die Frage, ob ich die Tour allein genießen kann oder ob ich Mitreisende brauche. Bei den Gesprächen innerhalb unserer MTB-Gruppe ergab sich die optimale Konstellation für mich. Bernd und Stefan wollten mitfahren, jedoch nicht die ganze Strecke. So konnte ich die letzten drei Tagesetappen als gesteigerte Herausforderung sehen, allein zurechtzukommen.

Ursprünglich wollte ich in Gruol starten und ab Sulz entlang des Neckars talaufwärts bis zur Neckarquelle fahren. Die erste Tagesetappe ostwärts sollte dann in Donaueschingen an der Donauquelle starten, genauer gesagt am Zusammenfluss von Brigach und Breg. Im Geografieunterricht lernte ich einst: „Brigach und Breg bringen die Donau zuweg."

Durch die pandemiebedingten Schließungen in Baden-Württemberg musste ich den Plan ändern und diesen Abschnitt zu einer anderen Zeit nachholen.

Die Gastronomie in Bayern war bereits geöffnet, also packten wir unsere Räder auf das Auto und starteten in Dillingen/Donau. Reisepläne zu ändern, gehört zum Reisealltag wie auch zu den

Regeln des Flows. Wir wollten achtsam reisen und die optimale Herausforderung für den Tag wählen, um im Flow zu bleiben.

Reisebericht Teil 1

„Trail to Budapest 2021"

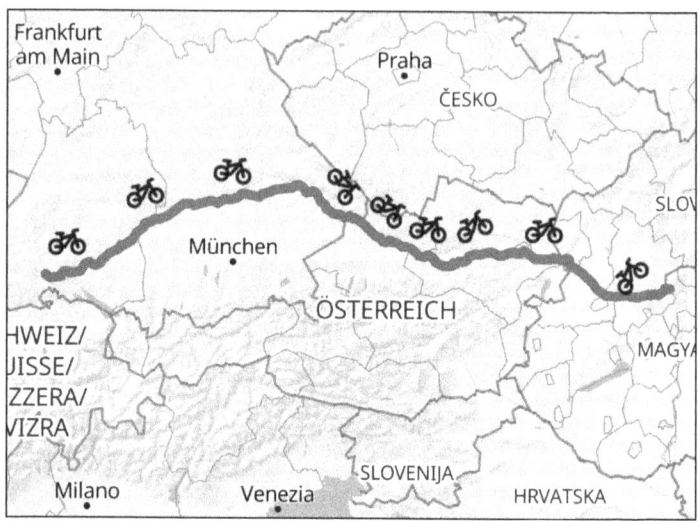

© Printmaps.net / OSM Contributors
Karte 2 Trail to Budapest 2021

Tag 1
Dillingen — Vohburg 106 km, 380 hm

Wir sind glücklich, trotz Pandemie ist unsere Radreise wahr
geworden. Wegen der geschlossenen Hotels fahren wir mit dem
Auto bis Dillingen und lassen es bis zu unserer Rückkehr dort
stehen. Wir steigen in Dillingen aufs Rad, ein mulmiges Gefühl,
eine undefinierbare Mischung aus Stolz, Vorfreude und Anspan-
nung, sich auf knapp 900 Kilometer Rad- und Waldwege durch
drei Länder einzulassen. Bei tollem Radelwetter erreichen wir die
erste Zwischenstation, hier freuen wir uns mal wieder in der Stadt

Kaffee zu trinken, was sich in Pandemiezeiten wie eine Sensation anfühlt. An unserem ersten Etappenziel genießen wir Erfrischungsgetränke, die laufen runter wie Öl oder Balsam für die ausgetrocknete Kehle. Unsere Freude über das erreichte Etappenziel und das leckere Essen ist groß, wir sind dankbar.

Tag 2
Vohburg — Straubing 100 km, 580 hm

Wir haben uns vorgenommen, unser Ziel auf möglichst abwechslungsreichen Wegen zu erreichen, schließlich sind wir echte Mountainbiker. Das ist eine große Herausforderung, wie wir heute feststellen, wenn wir gleichzeitig täglich ca. 100 Kilometer hinter uns lassen wollen. Die Waldwege sind nass und schmierig – und ein platter Reifen. Zum Glück fällt unser Boxenstopp unter einem Vordach mit dem einzigen Schauer an diesem Tag zusammen, so bleiben wir wenigstens von oben trocken. In einem Park werden wir für die Mittagspause mit Sonnenschein beschenkt, wir vespern, trocknen unsere Klamotten, die Stimmung steigt. Nach einem harten und dreckigen Tag erreichen wir Straubing. Wir sind erschöpft, aber stolz.

Tag 3
Straubing — Passau 95 km, 320 hm

An diesem Tag wollen wir schneller vorwärtskommen, damit wir unserer vereinbartes gemeinsames Zwischenziel Wien in sechs Tagen erreichen. Es ist Sonntag, gutes Wetter und sehr viele Radfahrer auf dieser beliebten Strecke. Vom ambitionierten Rennradfahrer über Radreisende bis hin zu Familiengespannen befindet sich alles auf dem Radweg und wir mittendrin. Zur Mittagspause erreichen wir mit Hunderten von Radfahrern das nette Städtchen Vilshofen. Die Lokale sind voll, eine Gesellschaft atmet nach der Pandemie auf. Unsere mittelalten Körper machen auf sich aufmerksam, vor allem unsere Sitzflächen, autsch!

In unserem gebuchten Hotel in Passau fühlen wir uns nicht willkommen, also ziehen wir weiter und hoffen auf freundlichere Gastgeber. So lernen wir freundliche Hoteliers besonders zu schätzen.

Tag 4
Passau — Linz 84 km, 720 hm

Wir starten bei ungemütlichem Nieselregen in Passau, passieren die Grenze ohne Kontrolle und erreichen das imposante Laufwasserkraftwerk Jochenstein. Die Donau verlassen wir für eine Weile und nehmen die Route über einen Hügel. Nach einer Flachetappe suchen wir Abwechslung. Am höchstens Punkt bläst uns ein kühler Wind ins Gesicht. Dankbar für den Schutz nehmen wir unser Vesper in einem Wartehäuschen ein. Wir sind gut in der Zeit und ich schlage vor, kurz vor Linz den Tag mit einem Trail abzurunden. Der wird zu einer großen Herausforderung, weil er oft nicht fahrbar ist, erst recht nicht mit Reisegepäck. Als „Belohnung" bekommen wir noch eine Belehrung vom Förster. Sehr dreckig, schon fast beschämend, nehmen wir unseren Zimmerschlüssel in der Innenstadt von Linz entgegen. Schon kurze Zeit nach wohltuender Dusche und dem Abendessen sieht die Welt aber wieder ganz anders aus. Unglaublich, wie schnell sich Perspektive und Stimmung ändern können.

Tag 5
Linz — Melk 102 km, 330 hm

Getrübt wird unsere Freude nur durch unsere Beschwerden an Knie, Achillessehne und Po, sonst sind wir immer noch guter Dinge. Wir reisen trotzdem guten Mutes und freuen uns des Lebens. In Melk beziehen wir unsere Zimmer direkt am Fuß der mächtigen und beeindruckenden Abtei. Beim Anblick dieses riesigen Gebäudekomplexes überkommen mich gemischte Gefühle und Fragen. Was war die Motivation und woher kamen die Mittel für ein solch prächtiges Gebäude?

Tag 6
Melk — Wien 101 km, 750 hm

Wir wollen wieder mehr Ruhe und Abwechslung auf Waldwegen, deswegen entscheiden uns für die kürzere, aber anstrengendere Route über den Wienerwald nach Wien. Über abgelegene Wege und Pfade fahren wir unseren Endspurt, unser Zwischenziel ist greifbar und die Schmerzen und Zweifel treten in den Hintergrund, Freude, Aufregung und Stolz überwiegen. Leider bremsen uns auf der Zielgeraden gleich zwei platte Reifen innerhalb einer Stunde aus. Die letzte Steigung verlangt uns als Team noch mal alles ab, schließlich hatten wir schon über 500 km in den Knochen. Bisher kannte ich den „Wienerwald" nur als Gastronomiebetrieb und wusste nicht, dass es ihn wirklich gibt und wie schwer es sich anfühlen kann, diesen Wald auf einem Rad zu durchqueren. Die Abfahrt ins Zentrum durch den Wiener Großstadtdschungel begeistert uns umso mehr. Endlich erreichen wir erschöpft, aber glücklich unser Hotel, feiern unsere Ankunft und gleichzeitig den Abschied meiner Begleiter, Bernd und Stefan. Wir haben eine herausfordernde und wertvolle Zeit hinter uns, in der wir als Team sehr gut funktioniert und uns gegenseitig ermutigt haben. Als Freunde haben wir uns unterwegs über Gott und Welt, aber auch Persönliches ausgetauscht.

Tag 7
Wien — Preßburg (Bratislava, SK) 74 km, 350 hm

Heute verabschieden sich meine treuen Weggefährten von mir und treten ihre Heimreise mit dem Zug an, ich setze meine

Fahrt mit dem Bike fort. Zunächst hinaus aus dem Großstadtge-
wimmel, hinaus in den Naturpark Donauauen. Die angenehmen
Trails genieße ich sehr und heute besonders das Alleinsein und
die Schönheit der Natur. Nach einem kurzen, aber heftigen
Aufstieg zur Heimenburg koste ich meine Mittagspause und den
großartigen Rundumblick aus. Bald überquere ich die Grenze zur
Slowakei und habe dabei stets die Preßburger Burg im Blick, auf
den letzten Kilometern vor der Stadt fühle ich mich wie auf einer
leeren Radautobahn, nur nicht so schnell. Nach einem kurzen
Anstieg durch die Altstadt erreiche ich dieses Highlight und
spaziere durch den Innenhof der ehrwürdigen Mauern, bestaune
das Panorama. Buchstäblich sehe ich, woher ich gekommen bin.

Ab jetzt spreche ich kaum noch deutsch, ich muss mein
Englisch reaktivieren.

Tag 8
Preßburg — Komorn (Komarno, SK) 105 km, 220 hm

Die nächste Etappe scheint mir monoton, jede Abwechslung
ist willkommen. An dem Donau-Wasserkraftwerk mit Schiffs-
schleuse lege ich einen kurzen Stopp ein, ein freundlicher Arbeiter
macht ein Foto von mir und ich bestaune das Wunderwerk der
Baukunst. Später erahne ich am Horizont zwei Rennradfahrer, die
Verfolgung mache ich zu meinem Spiel, so bringe ich schnell viele
Kilometer hinter mich.

An diesem Tag komme ich auf meinem Reise-Mountainbike
mit Gepäck und Rückenwind auf eine Durchschnittsgeschwin-
digkeit von über 25 km/h. Bereits um die Mittagszeit beziehe ich
meine einfache Herberge, genieße ein leckeres Abendessen im
Freien und schaue eingewickelt in eine Decke das Champions-
League-Finale.

Ich bin glücklich, schon so weit gekommen zu sein, und
genieße die Freiheit und Unabhängigkeit mehr als erwartet. Nur
abends ist es mir etwas langweilig, das hat sicherlich auch mit den

Distanzregeln zu tun – oder mit meiner persönlichen Herausforderung im Umgang mit mir selbst. Wer weiß? Ich werde es noch herausfinden.

Tag 9
Komorn — Hellenbach (Chľaba, SK) 70 km, 150 hm

Vergebens hoffe ich auf ein Frühstück bei einer Bäckerei auf der Route, leider ist alles geschlossen. So starte ich ohne Frühstück, bewaffnet mit meinen zwei letzten Müsliriegeln und stillem Wasser, hätte nicht gedacht, dass ich mit dieser Verpflegung so weit komme. Erst an meiner Zugstation bekomme ich in der Bahnhofspinte einen warmen Kaffee. Gestärkt drehe ich noch eine Schleife, um Budapest so nah wie möglich zu kommen. Um einer Quarantäne zu entgehen, fahre ich nördlich der Donau auf slowakischem Terrain ostwärts, bis ich wenige Kilometer nördlich von Budapest mein modifiziertes Ziel erreiche. Bei einer Bushaltestelle suche ich Schutz vor einem Regenschauer, dabei komme ich mit einem Motorradfahrer ins Gespräch, der mir von seinen Deutschlanderfahrungen berichtet. Pünktlich bin ich wieder in Gockern, um meine Ankunft zu feiern und mich auf die 17-stündige Heimreise mit dem Zug vorzubereiten. Im vollen Nachtzug komme ich mit anderen Reisenden ins Gespräch. Früh werde ich wach und freue mich auf meine Ankunft nach einer erfüllten Radreise mit Bernd, Stefan und mir selbst.

Zum Ende dieses Kapitels stelle ich mir selbstverständlich die Frage, was die Reise mir bisher gebracht hat.

Zum einen habe ich neue Erfahrungen mit dieser Art zu reisen gemacht. Über die physische Aktivität war ich automatisch im ständigen Austausch mit meinem Körper, das fördert die Achtsamkeit. Durch die tägliche Bewegung an der frischen Luft war ich gleichzeitig mit der Natur verbunden, was ich als sehr wohltuend und erholsam im psychischen Sinn empfinde. In der Verbundenheit mit meinen Reisegefährten war ich einmal mehr verblüfft, welche positive Dynamik sich entwickeln kann, wenn sich Menschen mit unterschiedlichen Voraussetzungen und Erwartungen einem gemeinsam definierten Ziel verschreiben. Das war sehr schön.

In den letzten Reisetagen, als ich allein unterwegs war, habe ich für mich völlig neue Erfahrungen mit dem Alleinsein gemacht. Sie waren mir fremd, weil ich bis dahin schlicht fast nie allein war. Durch meine Sozialisation hatte ich bis dahin nicht gelernt, die Freiheit und die Autonomie als wohltuend zu empfinden. An diesen Tagen konnte ich mich auch allein wohlfühlen und habe gelernt die Unabhängigkeit und Flexibilität zu schätzen. Für mich ein echter Fortschritt und eine Erweiterung meines Horizonts. Spätestens beim gemütlichen Teil des Tages fehlte mir dann dennoch der Austausch über den Tag und die geteilte Freude, die sich in der Gemeinschaft verdoppelt oder vervielfacht.

Schließlich bin ich auch stolz, mein Jahresziel auf dem Weg ans Schwarze Meer allein zu Ende gebracht zu haben. Gleichzeitig bin ich auch dankbar und demütig, weil ich weiß, wem ich diese schöne Reise letztendlich zu verdanken habe.

Welche Erfahrungen hast du mit Gruppendynamik?
Wie geht es dir, wenn du allein bist?
Ist Alleinsein und Einsamkeit für dich das Gleiche?

14. *APUSENIGEBIRGE* bei Großwardein (Oradea, RO)

Warum verlasse ich den Fluss und fahre über die Berge?

„Wenn du denkst Abenteuer sind gefährlich, dann versuch es mit Routine, die ist tödlich." (Paolo Coelho)

Die anfängliche Idee dieses Reiseprojekts war, von meinem jetzigen Wohnort dem Neckar flussaufwärts folgend, dann durch sein Quellgebiet und zum Donauursprung zu fahren. Ab Donaueschingen wollte ich flussabwärts der Donau bis ans Schwarze Meer folgen.

Ich kann gar nicht mehr genau sagen, wann, aber ich stellte fest, dass es für mich wertvoller war, meine Pläne zu ändern und vom Flussverlauf abzuweichen. Rein fahrtechnisch reizte mich die Strecke quer durch Rumänien deutlich mehr, da ich die Abwechslung genoss. Einem Flusslauf zu folgen ist schön, manchmal sogar romantisch und fahrtechnisch einfach. Mit der Zeit wurde es mir jedoch langweilig. Ich entschied mich daher für den kürzeren und abwechslungsreichen Weg über das Apusenigebirge und durch Zentralrumänien, um dann über die Ostkarpaten ans Schwarze Meer zu gelangen. Das bringt auch der Vergleich das Leben als Bergtour zu verstehen, zum Ausdruck. Wesentlich war, dass mein Herkunftsort ziemlich genau auf dieser Route liegt, was meinem Projekt ein größeren Sinn gab. Zudem liebe ich die Herausforderung der Berge, mich anschließend oben genüsslich auszuruhen, den Weitblick zu genießen und mich in Verbundenheit mit Gottes Schöpfung berühren zu lassen.

Kaum war ich vom ersten Abschnitt heimgekehrt, bewegten mich schon die Planungen für das folgende Jahr und der weitere

Verlauf des Projektes. Ganz nach dem Motto: Nach der Reise ist vor der Reise.

Nach meinen Erfahrungen beschäftigte mich vor allem die Frage, ob ich allein oder in Begleitung reisen wollte. Ich las Berichte und Erörterungen, wog die Vor- und Nachteile ab. Tatsächlich hätte beides seinen Reiz. Ziemlich schnell wurde mir im Sinne des Flows klar, dass ich versuchen würde, eine geeignete Reisebegleitung zu finden. Aspekte der Sicherheit und Verantwortung gegenüber meiner Familie spielten bei den Überlegungen auch eine wichtige Rolle.

Ich machte mich also auf die Suche nach Gefährten, zunächst innerhalb meiner Großfamilie, dann in meinem Freundeskreis. Einige Kandidaten fragte ich konkret, ob sie sich diesen Trip vorstellen könnten, doch zunächst blieb die Suche erfolglos. Erst als ich meine Pläne konkretisiert und in meiner Fahrradgruppe bekannt gegeben hatte, wurde ich fündig. Stefan, der bereits beim ersten Abschnitt Teil des Teams war, ließ sich für das Projekt begeistern und wollte sich der Herausforderung in jeglicher Hinsicht stellen. Mit etwas Lebenserfahrung war absehbar, dass diese Fahrt einige Herausforderungen bieten würde. Die Länge der Strecke, die Berge, das Risiko und die mentale Auseinandersetzung mit mir, um nur einige zu nennen. Jedoch milderte die Anbindung Ungarns und Rumäniens an die europäische Infrastruktur einige unserer Bedenken und Zweifel. Auch die Relikte meines rumänischen Wortschatzes waren eine wichtige Ressource, die ich in die Planungen einbeziehen konnte. Den ersten Grundstock für meine rumänischen Sprachkenntnisse hatte ich in meinen ersten sechs Lebensjahren über die Nachbarschaft gelegt. Wie bereits erwähnt sprachen wir zu Hause Siebenbürger Sächsisch und Deutsch. In meiner Teenie Zeit wohnte ein rumänischer Freund bei uns, der mir bei meinen Schulaufgaben half und dabei sein Deutsch einübte. Durch das Zusammenleben frischte ich mein Rumänisch auf, das ich im Wesentlichen bis heute bewahren konnte. Für die kommenden Etappen war das eine große Erleichterung.

Auf der einen Seite waren also die Vision, das Ziel, die Begeisterung und Motivation, auf der anderen Seite die Bedenken, Zweifel, Sorgen und Ängste. Irgendwo dazwischen der Flow, den wir auch bei den Planungen stets im Blick hatten.

Ich machte mir vor allem Gedanken über meinen Fitnesszustand und über Bären, Wölfe und Schäferhunde, denen wir möglicherweise begegnen würden. Auch hier habe ich bemerkt, dass zwischen der Nutzung des Verstandes zur Planung und der Verselbstständigung dessen in Sorgen und Zweifel nur ein schmaler Grat liegt. Für mich eine andauernde Übung der Achtsamkeit; den Verstand aktiv zu nutzen, aber ihm nicht zum Opfer zu fallen.

Stefan und ich einigten uns auf einen Termin. Ich erarbeitete eine Route, die auf meinen Recherchen und Erfahrungen als Biker und Guide aufbaute.

Die Begegnung mit Wölfen erwies sich aufgrund deren Scheue als eher unwahrscheinlich, die mit Bären jedoch durchaus möglich. Rumänien hat eine der größten Bärenpopulationen Europas. Ich recherchierte über das Informationszentrum des Nationalparks Apuseni und befragte einen rumänischen Jäger, damit wir uns darauf einstellen konnten. Um uns auf die Konfrontation mit Straßen- und Schäferhunden vorzubereiten, ließen wir uns von einem befreundeten Hundeausbilder beraten.

Was unseren Fitnesszustand anging, hatten wir uns in diesem Jahr auch die Teilnahme an einem Bike-Marathon vorgenommen, woraus sich aus jeder Trainingseinheit ein doppelter Nutzen ergab. Schon früh im Jahr nutzten wir die freundlichen Tage, um gut in dieses ereignisreiche Mountainbike-Jahr zu starten. Zusätzlich fing ich an, zweimal wöchentlich meinen Weg zur Arbeit über 20 km (ein Weg) mit dem Fahrrad zurückzulegen, was schon eine gute Basis war.

An diesen Beschreibungen kannst du sehen, wie ich mich übte, achtsam mit meinen Gedanken umzugehen, meine Ängste wahrzunehmen und zuzulassen, aber auch konkrete Schritte zu tun, um sie abzubauen. So plante ich den ersten Abschnitt der Donau in meinen Trainingsplan ein. Er fehlte mir noch, weil wir ihn 2021 wegen der Pandemie auslassen mussten.

Reisebericht Teil 2

„Ride the River 2022"

An Ostern 2022 war die Zeit gekommen, um diese wunderschöne Strecke nachzuholen. Für mich passte dieser Trip optimal in die Vorbereitung auf meine Hauptsaison. Unsere Kinder Naomi und Elia konnte ich motivieren, mich teilweise auf diesem Abschnitt zu begleiten. Für Elia war es das erste große Abenteuer auf zwei Rädern, Naomi begleitete uns und genoss den Radtrip als Aktivurlaub.

Tag 1
Den Neckar aufwärts: Horb — Rottweil 50 km, 430 hm und Donaueschingen — Geisingen 21 km, 80 hm

Am Ostermontag geht es los. Gerade als wir mit unseren Fahrrädern in den Zug einsteigen wollen, kommt uns die Schaffnerin entgegen, um uns wegen der eingeschränkten Mitnahmemöglichkeit für Fahrräder abzuweisen. Die Enttäuschung und der Frust sind groß. Was haben wir falsch gemacht? Wir hatten doch Fahrradtickets gekauft. Selbst wenn es dafür eine Erklärung gibt, ist es in der Praxis ein Unding und emotional schwer zu verkraften. Jetzt stehen wir ratlos am Bahnhof, bevor unsere Tour richtig angefangen hat. Wir beschließen, uns mit dem Fahrrad auf den

Weg zu machen und unser Glück beim nächsten Bahnhof noch mal zu versuchen. Rechtzeitig angekommen bereiten wir uns zuversichtlich auf den Einstieg vor. Als wir einsteigen wollen, werden wir jedoch wieder wegen Überfüllung abgewiesen; was für eine Ohrfeige! Widerwillig und entmutigt steuern wir den nächsten Bahnhof an, ab Rottweil sollte es mit einem Bummelzug auch ohne Reservierung funktionieren.

Schon etwas erschöpft erreichen wir den Bahnhof. Als der einteilige Zug die Türen öffnet, treten wir zaghaft ein und können kaum glauben, dass wir bis Donaueschingen mitfahren dürfen. Inzwischen sind wir 50 km mit dem Rad gefahren, aber keinen einzigen Kilometer auf der geplanten Strecke. Es ist schon Nachmittag, als wir die Donauquelle erreichen und obligatorische Fotos machen.

Die Kräfte unserer kleinen Reisegesellschaft gehen zur Neige, deshalb rollen wir bei herrlichem Frühlingswetter nur noch gemächlich über die Hochebene bis Geisingen.

Satt, erfüllt und müde lassen wir unseren Tag ausklingen. Unsere kleine Reisewelt ist wieder in Ordnung, obwohl mal wieder alles anders gekommen ist als geplant.

Tag 2
Geisingen — Riedlingen 107 km, 500 hm

Gut erholt und unabhängig von der Deutschen Bahn setzen wir unsere Reise fort. Das Quellgebiet der Donau ist erstaunlich flach und der Blick reicht weit über die Baar. Wir radeln gemütlich, stets dem Fluss folgend. „Just go with the Flow „" um es mit den Worten von John Strelecky zu sagen.

Fast unmerklich verlieren wir an Höhe, gefühlt steigen die Hügel um uns herum. Wir erreichen die erste Donauversinkung, ein für mich neues Phänomen wird an Infotafeln erklärt. An mehreren Stellen dieser Region verliert die Donau bis zu 75% ihres Wassers, das dann im Untergrund verschwindet und Quellen von

Rheinzuflüssen, wie zum Beispiel der Aach, speist. Dieses sonderbare Phänomen erinnert mich an Tätigkeiten oder Personen, die uns heimlich unsere Energie abziehen. Das ist so heimtückisch, dass wir es erst sehr spät bemerken. Wir wundern uns nur, wo unser Elan und unsere Substanz geblieben ist. Einmal mehr ist es hilfreich, wenn wir achtsam agieren und buchstäblich mit offenen Augen durch die Welt gehen.

Ab Mühlheim senkt sich das Tal deutlich ab und der berühmte „Naturpark Obere Donau" mit seinen sehenswerten Felsformationen beginnt. Von Zeit zu Zeit schauen Gipfelkreuze von Aussichtspunkten oder imposante Schlösser und Burgen ins Tal.

In Sigmaringen beenden unsere Kinder ihre Radreise planmäßig. Vorher machen wir auf dem bereits beschriebenen und vertrauten Zeltplatz eine Verschnaufpause und schwelgen in Erinnerungen an die hier verbrachten Vater-Kind-Wochenenden.

Ich setze meine Reise allein fort, aber schon nach wenigen Metern merke ich, dass mein Hinterrad Luft verliert. Ich demontiere den Reifen und bevor ich richtig prüfen kann, ob ich alles Nötige dabeihabe, bekomme ich Hilfe angeboten. Blöderweise hält der Flicken nicht, da hilft aber der dezente Hinweis eines weiteren Radfahrers, dass sich auf der anderen Straßenseite ein Fahrradgeschäft befindet. Ein typisches Beispiel für Situationen, in denen wir uns allzu sehr mit unseren Problemen identifizieren, wir sehen die Lösung nicht, obwohl sie so nahe liegt. Ich kaufe einen neuen Schlauch und bald schon kann es weitergehen. Soll ich mich von dem Platten runterziehen lassen? Oder soll ich mich freuen, dass mir gleich doppelt geholfen wurde und mein Schlauch genau an diesem Ort Luft verloren hat? Natürlich ärgere ich mich über die Panne, sie kommt immer zur Unzeit. Ich entscheide mich nach einem kurzen Moment des Ärgers für Dankbarkeit und Freude über die Hilfe und den „Zufall". Motiviert pedaliere ich weiter.

Tag 3
Riedlingen — Dillingen 115 km, 560 hm

Heute starte ich bereits früher. Beim Frühstück tausche ich mich mit anderen Radtouristen aus. Mir gefallen solche Gesprächen, sie würzen meine Reise und geben ihr eine besondere Note. Schon bald spüre ich den kühlen Wind, unglücklicherweise ist es Gegenwind. Auf der Strecke ist es ruhig, die Landschaft öffnet sich wieder und mein Blick reicht weit. Ich nehme die große Anzahl an Vögeln wahr, die in der Frühlingsfrische ihre Kreise ziehen. Ich bewundere vor allem die Störche, die ich sonst wenig aus der Nähe zu Gesicht bekomme. Die Landschaft ist zwar wunderschön, aber zunächst wenig abwechslungsreich. Immer wenn die Strecke meine Aufmerksamkeit zu wenig fordert, wird mir etwas langweilig und ich werde missmutig wegen des kalten Gegenwindes, der mich deutlich bremst. Ausgerechnet heute haben wir Nordostwind, was in Süddeutschland eine Ausnahme ist. Der Wind weht aber eben, wie und wo er will.

Wie so oft im Leben habe ich einen Grund, mürrisch zu sein, immerhin kostet mich dieser unsichtbare Widerstand im Laufe des Tages mindestens eine halbe Stunde Zeit und eine Menge Kraft. Ich muss mich darin üben, meinen negativen Gedanken Einhalt zu gebieten und sie immer wieder in die Gegenwart lenken: auf die Sonne, die Freiheit und die wunderbare Landschaft.

Später in den Auwäldern bieten mir die Bäume gnädigerweise immer wieder Windschatten, wofür ich wirklich dankbar bin. Hurra, ich habe den nächsten Abschnitt meines Projektes geschafft! Zu meiner Freude läuft dieses Mal auch die Heimfahrt mit dem Zug wie am Schnürchen.

Reisebericht Teil 3

„Trail to Transylvania 2022"

© Printmaps.net / OSM Contributors
Karte 3, Trail to Transylvania 2022

Vorbereitungen

In der Zeit nach Ostern ging es in die konkreten Planungen. Vor allem die Frage, ob Flugzeug, Bus oder Bahn, bekam durch meine Erfahrungen und durch die Personalkrise an deutschen Flughäfen ein besonderes Gewicht.

Ein Nachtzug ohne Umstieg schien Stefan und mir attraktiv, leider waren wir aber schon bald wegen der Komplikation in Zusammenhang mit der Buchung der Fahrradmitnahme ernüchtert. Buchbare Verbindungen waren mit mehreren Umstiegen und

Unterbrechungen verbunden. Bekanntlich bringen diese weiteres Risiko und mögliche Verzögerungen mit sich. Wir prüften Flugverbindungen und wägten ab.

Selbst, wenn unser Flugzeug erfolgreich in Budapest landen würde, sich aber unsere Fahrräder verspäten würden, käme das wohl einem Albtraum gleich. Der Reisepreis inklusive Fahrradmitnahme und der Komfort, wenn alles gut gehen würde, schien verlockend. Die kritischen Punkte wären die notwendige Verpackung der Mountainbikes und ökologische Erwägungen gewesen. Wir entschieden uns gegen das Flugzeug und für einen Fernbus ohne Umstieg. Über Nacht sollten wir von Stuttgart nach Budapest reisen, mit unseren Bikes in greifbarer Nähe. Dieser Plan fühlte sich für uns gut an.

Entsprechend unserer Erfahrung bezüglich körperlicher Belastung, angenehmer Abwechslung und Genuss feilte ich immer wieder an den Etappen, prüfte weitere Details wie Infos über Wegebeschaffenheit, mögliche Unterkünfte, sehenswerte Landschaften und Aussichtspunkte.

Sollten wir die Übernachtungen vorbuchen oder wollten wir spontan sein? Das war eine der letzten Fragen. die wir klären wollten. Bei meinen Reisen habe ich gerne einen Plan A in der Tasche, um dann aber mit Plan B oder C glücklich am Ziel zu sein. So buchten wir zunächst die erste Übernachtung, den Rest wollten wir mehr oder weniger auf uns zukommen lassen.

In diesen Tagen werde ich immer wieder mit negativen Erfahrungen aus der Reisewelt konfrontiert, lange Staus auf den Autobahnen, abgesagte oder verpasste Flüge wegen der Personalkrise, Chaos bei den Zugverbindungen und überfüllte Züge. Mit dem Fernbus betreten wir eine neue Welt, hören Sprachen, die wir nicht zuordnen können, und sehen Menschen mit unterschiedlichsten Wurzeln. Multikulti volle Kanne, mit intensiven Gerüchen nach indischem Essen, die zu einer echten Herausforderung werden, obwohl die Nahrungsaufnahme längst abgeschlossen ist. Zwar übernächtigt, aber dankbar und glücklich kommen wir früher als geplant in Budapest an, was für ein Geschenk. Direkt am Busbahnhof setzen wir uns aufs Rad und machen uns auf den Weg Richtung Osten ...

Tag 1
Budapest — Jaßbring 80 km, 380 hm

> *„Gedanken sind wie Vögel, wir können nicht verhindern, dass sie über uns kreisen, aber wir können entscheiden, ob sie Nester auf unserem Kopf bauen."* *(Unbekannt)*

Hinaus aus dem Großstadtlärm, weg von den vielen Straßen und Schienen und hinein in ein Naturerlebnis mit Ruhe und dennoch immer wieder neuen Erfahrungen.

Routinemäßig habe ich mein Fahrrad vor der Reise zur Wartung in die Werkstatt gebracht. Alles läuft, verschlissene Teile wurden ersetzt, wenn da nicht dieses nervige Knarzen am Tretlager gewesen wäre ... auch das wurde behoben, heute bin ich so froh, mein Rad läuft seit Langem mal wieder wie geschmiert. Wenn mein Bike unerwünschte Geräusche macht, geht mir das mächtig auf den Zeiger und wird zu einer großen mentalen Herausforderung.

Eine echte Geduldsprobe wird heute meine erste Erfahrung mit „Sandtrails", wir fahren auf sandigen Erdwegen, plötzlich wird der Sand tiefer, das Vorderrad sinkt ein, das Hinterrad dreht durch, ich fühle mich mehrfach brutal ausgebremst. Das erinnert mich wie Alltagserfahrungen alles sieht gut aus, der Weg ist klar und dann plötzlich ... es ist zum Mäusemelken, mehrfach muss ich absteigen. Uns ärgert der abgeladene Müll am Wegrand, der uns unterwegs immer wieder in die Augen beißt. Ich frage mich: Wie können Menschen ihren Müll so gewissenlos entsorgen, obwohl die Landschaft so schön ist? Hast du auch schon erlebt, dass jemand eine schöne Situation oder ein gutes Projekt mutwillig, egoistisch oder rücksichtslos verschmutzt oder sogar zerstört?

Tag 2
Jaßbring — Tiszafüred 93 km, 130 hm

„Wir können den Wind nicht ändern aber die Segel anders setzen." (Aristoteles)

Leider sind wir nicht mit einem Segelboot unterwegs und an Straßen und Wege gebunden, Segel haben wir auch nicht, zumindest keine physischen.

Heute kämpfen wir mit dem Wind, fast den ganzen Tag. Wir haben wenig Höhenunterschied zu überwinden, aber diesen unsichtbaren Gegenspieler, der uns hemmt und viel Kraft kostet. Beim Segeln gibt es Techniken, um trotz Gegenwind vorwärtszukommen. Beim Radfahren lernen wir anzunehmen, was ist, den Widerstand wahrzunehmen und zu akzeptieren. Wir nehmen den Druck von der Pedale und versuchen uns mit dem verlangsamten Tempo anzufreunden.

Auch das kilometerlange Geradeausfahren in dieser fast endlosen Ebene ist eine Herausforderung für unsere Gedanken, wir fahren auch einige Kilometer an der Theiß (Tisza) entlang was aber nicht wirklich abwechslungsreicher ist und erreichen Tagesziel das Tiszafüred mental und körperlich abgekämpft.

Tag 3
Tiszafüred – Debrezin (Debrecen, H) 88 km, 170 hm

Nach einem ausgiebigen Frühstück brechen wir gestärkt auf, weites Land liegt vor uns. Die Puszta ist die größte Steppe Europas, zunächst noch bewirtschaftet, später nur Gras und Büsche, so weit das Auge reicht. Ab und zu eine Viehherde in der Ferne und so manche heruntergekommene Farm. Ich bin dankbar, unterwegs zu sein, und lasse meinen Blick immer wieder in die unendliche Weite schweifen.

Heute wechseln Asphalt und trockene Wege, ich liebe die naturnahen Erdwege, sie binden meine Aufmerksamkeit ans Hier und Jetzt, trotzdem rollt das Rad gut. Auf der Straße fühlen wir uns immer wieder von Autos und Lkws bedroht, aber manchmal gibt es in dieser unbesiedelten Gegend keine akzeptable Alternative neben der Straße. Zu den Gefahren kommen noch Abgase, Lärm und die Monotonie. Langeweile und Eintönigkeit führen bei mir oft dazu, dass meine Gedanken in die Zukunft abschweifen und ich mein Tempo erhöhe, als wollte ich aus der Situation fliehen. Wo ist mein Flow geblieben? Stefan merkt das und erinnert mich daran, dass wir im Urlaub und nicht auf der Flucht sind.

Entsprechend ist es für mich eine Dauerübung, meine Aufmerksamkeit in die Gegenwart zu lenken.

Tag 4
Debrezin — Dușești (RO) 120 km, 580 hm

Aufzustehen und 120 km auf dem bepackten Mountainbike vor sich zu haben, ist nicht leicht, die Hürde scheint hoch und kleine Zweifel plagen uns wie Nadelstiche.

Dem Motivationstacho entsprechend konnte ich noch einiges tun, um den Druck rauszunehmen. Entgegen unserer sonstigen Gewohnheit bevorzugen wir heute die Straße, damit wir unser weit entferntes Tagesziel gut erreichen. Wir radeln der Grenze zwischen Ungarn und Rumänien entgegen, die mitten auf unserer heutigen Etappe liegt. Unsere Naviapp schlägt vor, die Grenze auf dem Feldweg zu überqueren. Wurde der Grenzzaun schon abgebaut? Nichts ahnend fahren wir auf die Grenze zu, von hinten nähert sich ein Auto, es ist die Polizei und vor uns die geschlossene Barriere. Dieser Planungsfehler bedeutet weitere 15 km und eine überflüssige Belehrung, immerhin sehen wir selbst, dass der Zaun geschlossen ist. Etwas missmutig drehen wir um und müssen der Polizei bis zur entsprechenden Kreuzung folgen. An der offiziellen Grenze werden wir nicht einmal kontrolliert. Nach der Grenzstadt Oradea führt uns der Track für eine Zeit weg von der Straße durch einen Wald, das ist eine willkommene Abwechslung. Wegen der Länge der Etappe deutlich später als sonst, aber auch der Zeitverschiebung geschuldet, erreichen wir euphorisiert von unserer Tagesleistung und dankbar unsere Unterkunft. Wir sind nun im fünften Staat unterwegs, haben unser Zielland Rumänien erreicht.

Tag 5
Dușești —Padiș 74 km, 1540 hm

Heute werden die geahnten Begegnungen mit großen, kleinen und sehr großen Hunden zur Realität. Wir verlassen die Bundesstraße und kommen auf Wegen und Nebenstraßen gut vorwärts. Als wir über einen Feldweg in ein Dorf hineinfahren, steht plötzlich eine ganze Horde Hunde vor uns. Aus Reflex schreie ich sie panisch an, zu meinem Erstaunen scheine ich tatsächlich Eindruck auf sie zu machen, sie gehen eingeschüchtert zur Seite. Mein Crashkurs scheint zu helfen.

Wir begegnen vielen Hunden auf der Straße, mit und ohne Eigentümer, die meisten interessieren sich nicht für uns, aber wir sind meist alarmiert und angespannt, wenn wir welche sehen. Wir verlangsamen unsere Geschwindigkeit, beobachten die Hunde und versuchen die Situation einzuschätzen. Es ist sehr interessant, diese Situationen, die sich heute oft wiederholen zu reflektieren, festzustellen, wie die Aufregung und der Stresspegel steigt, die intuitive Reaktion erfolgt und wir uns wieder beruhigen. Einmal wird Stefan von einem unscheinbaren Hund überrascht und eine ganze Weile gejagt, instinktiv versucht er zu fliehen, was bei diesem und bei vielen anderen Hunden den Jagdinstinkt erst recht befeuert. Stefan kommt dieses Mal mit dem Schrecken davon, ich fahre hinterher und amüsiere mich, weil

ich die Situation viel harmloser einschätze. Die meisten herren-
losen Hunde sind eher eingeschüchtert in ihrem unerwünschten
Dasein. In waldnahen Gegenden sollen sie im Herbst eine leichte
Beute für Wölfe sein, wie uns jemand erzählt.

Während wir durch die Dörfer fahren und die Eindrücke
aufsaugen, kommen die Berge immer näher und erinnern uns
an den Höhenunterschied, den wir heute noch überwinden
müssen, für die letzten 20 km und 1200 hm brauchen wir etwa
zwei Stunden, fast endlos windet sich die Straße den Berg hinauf.
Unsere Gefühlslage schwankt zwischen Motivation und Zweifel.
Im Grunde sind wir selbstbewusst und wissen, dass wir auch
diese Herausforderung meistern werden. Ohne Zeitdruck erreichen wir stolz und erleichtert unsere sehr einfache Unterkunft.
Heute übernachten wir in einer von fünf Hütten statt im Fünfs-
ternehotel. Mit einem Spaziergang durch diesen einzigartigen
Ferienort lassen wir den Tag ausklingen. Hier teilen sich Zelt-
gruppen, glänzende Wohnmobile und frei weidende Kühe und
Pferde friedlich den Platz und den Bach. An diesem Ort prallen
uralte Weiderechte und moderne Erholungsbedürfnisse aufein-
ander. Ob alles so friedlich abläuft, wie wir meinen, können wir in
dieser kurzen Zeit nicht beurteilen, aber wir sind tief beeindruckt.

Tag 6
Padiş— Lupşa, bei Offenburg (Baia Arieş, RO) 72 km, 1210 hm

Nun sind wir oben angekommen, wir haben den physischen
Höhepunkt unserer Reise erreicht. Wir nehmen die Eindrücke
im Naturpark Apuseni in uns auf. Vorbei an Hirten mit ihren
Schafen und Hunden durchqueren wir das Land der Motzen, wie
die Ureinwohner genannt werden.

Ich erinnere mich an einen Dialog von Hirten, die für dümmlich
gehalten werden, der als Witz überliefert wird.

„Fragt ein Hirte den anderen: „Stehst du und denkst?" ...
„Nein, ich stehe nur."

Ich wünsche, mir würde es öfter gelingen, einfach nur im Augenblick zu sein.

Wo wir der Karte nach weder Dorf noch Weiler erwarten, durchfahren wir viele Streusiedlungen der Motzen. Das besondere Bergvolk bewohnt seit Hunderten von Jahren im Sommer hoch gelegenen Siedlungen und prägt mit ihrer Weidewirtschaft diese einzigartige Kulturlandschaft.

Auf losem und naturbelassenem Untergrund kommen wir nur mühsam und sehr langsam voran. Stefan spiegelt mir mal wieder, dass ich uns unter Druck setze. Zunächst höre ich es nicht gerne, bin aber dankbar. Ich denke an meinen Motivationstacho und stelle fest, dass wir unseren Plan ändern müssen, damit wir uns nicht überfordern und auf unserer Reise im Flow bleiben. Gesagt, getan verlassen wir die Anhöhe früher, um auf befestigten und asphaltierten Wegen entspannt ans Ziel zu kommen.

Ich bin erleichtert, erst recht, als es während unserer Talfahrt anfängt, in Strömen zu regnen.

Tag 7
Lupşa, bei Offenburg — Karlsburg
(Alba Iulia, RO) 85 km, 1580 hm

Trotz anderer Vereinbarung im Hotel kein Frühstück zu bekommen, auf den ersten Kilometern bereits festzustellen, dass der Reifen Luft verliert, dann noch von einem großen Hund ernsthaft verfolgt zu werden ist definitiv kein schöner Start in den Tag. Nun stellt sich für mich die spannende Frage, wie ich mich trotz aller Umstände an diesem Tag freuen kann.

Der erste Schritt ist, für mich zunächst die Fakten zu akzeptieren, wie sie sind, nichts macht sie ungeschehen. Der zweite ist die Beobachtung meiner Gedanken und Emotionen zu den Ereignissen. Der dritte Schritt ist, in die Gegenwart und Achtsamkeit zurückzukehren.

Gedanken sind wie Hunde:
Sie können dich jagen und erschrecken,
Gedanken können dich sogar beißen und im schlimmsten
Fall in den Tod führen.
Bewusste Gedanken können dich aber auch
beruhigen und trösten, sie können dich begleiten
und beflügeln. (Christian Krampulz)

Wir fahren die zweite Bergetappe und erleben atemberaubende Landschaften, malerische, aber verlassene Hütten, machen tolle Fotos und freuen uns mit unseren Bikes unterwegs zu sein.

Nach einer langen und schönen Abfahrt fallen die ersten dicken Tropfen. Genau zur richtigen Zeit finden wir Schutz im Eingangsportal der Klosteranlage in Râmeț. Wir sind schon etwas abgearbeitet und hungrig.

Auch Besucher der Klosteranlage drängen sich in diesen Raum und suchen Schutz vor dem Regen. Ein Mann interessiert sich für unsere Mountainbikes und unsere Tour. Als wir ins Gespräch kommen, fragt er, ob wir denn nicht hungrig seien. Er lädt uns ein mitzukommen. Der Unbekannte bringt uns in den Speisesaal des Klosters für Gäste. Wir können unser Glück kaum fassen, als wir Platz nehmen und eine wohltuende Suppe von den Nonnen serviert bekommen. Gestärkt, beeindruckt und dankbar fahren wir weiter.

Tag 8
Karlsburg — Kelling (Câlnic, RO) 47 km, 580 hm

Die Erinnerung ist ein Fenster, durch das wir sehen können,
was immer wir wollen, es ist unsere Entscheidung. (Unbekannt)

Sackgassen, immer wieder Sackgassen, wir fühlen uns wie einem Labyrinth. Wir wollen von Karlsburg hinaus aufs Feld Richtung Mühlbach, meiner Geburtsstadt. Mehrmals müssen wir trotz kartierter Wege eine Kehrtwende machen, bis wir endlich Schienen, Fluss und Autobahn überwunden haben und unserem Ziel Kelling immer näher kommen.

Auch hier werde ich an eine Alltagserfahrung erinnert: Dann, wenn wir es am wenigsten gebrauchen können, scheint alles schiefzugehen. Oder ist es genau umgekehrt?

Wir überwinden die letzte Steigung und erreichen den Weinberg, der mir aus meiner Kindheit nur noch vage in Erinnerung ist. Hinter uns liegen circa 1900 km auf dem Mountainbike über Felder, Wald, Städte und Berge. Vor uns liegt Kelling, der Ort meiner Wiege und Kindheit, den meine ganze Familie mit mir vor 40 Jahren verlassen hat. Bei diesem Anblick und dem gewahrwerden, dass wir mein Ziel erreicht haben, werde ich doch sehr emotional und mir kommen die Tränen.

Ja, es ist wahr, ich habe es geschafft, mein Traum, mein Plan, mein Ziel ist Gegenwart. Ich bin glücklich, zufrieden und dankbar. Dankbar, dass alles gut gegangen ist ohne Infekt, Krankheit und größere Panne oder Unfall.

Nachdem ich den Moment eine Zeit lang genossen habe, fahren wir zunächst zur Grundschule, die ich bis zu unserer Ausreise nur wenige Tage besucht habe, dann zu unserem ehemaligen Haus, das jetzt leer steht, und klopfe bei unserem damaligen Nachbarn. Auf der Straße treffe ich zufällig einen Freund aus meiner Kindheit, der auch zu Besuch ist.

Zurück in Kelling werden Kindheitserinnerungen wach, in der Realität ist das Dorf nur noch eine Leinwand für meine Erinnerungen. Es ist nicht mehr meine Heimat, sehr wohl aber der Ort meiner Wiege, Kindheit und Wurzeln. Letztendlich mein geografischer Ursprung.

Mit dem aktuellen, jungen Bürgermeister habe ich einen kurzes Treffen vereinbart, wir sprechen über die Entwicklungen im Dorf, gemeinsame Bekannte und willkommene Partnerschaften oder Austausche. Über den Sinn meiner Reise entsteht eine intensives Gespräch, weil er als ehemaliger Religionspädagoge sehr interessiert ist.

Ein letztes Mal überwinde ich den Anstieg zum großen und kleinen Berg (siehe Kapitel 1), unserem ehemaligen persönlichen Wander- und Schlittenparadies, und verlasse das Dorf durch den Wald, der dahinterliegt.

Der Kreis ist geschlossen, ich bin in meiner ehemaligen Heimat angekommen und in der Mitte des Lebens bei mir selbst.

Einst musste ich lernen, mich anzupassen, heute habe ich Freiheit, zwischen zwei Optionen zu wählen: anpassen können, aber nicht müssen. Auch das Aufwachsen mit mehreren Sprachen und unterschiedlichen Kulturen sehe ich heute als große Bereicherung und gibt mir die Möglichkeit, mich in andere Menschen hineinzuversetzen und empathisch zu handeln.

Wäre ich nie ein Fremder gewesen, hätte ich viele Entwicklungsschritte nicht durchlebt. Meine Sehnsucht hätte mich nie auf dem Drahtesel zurück in meine alte Heimat geführt, um auch im Herzen bei mir selbst anzukommen. Niemals hätte ich auf so wunderbare Weise schätzen gelernt, was es bedeutet, mit mir selbst, mit meinen Mitmenschen und Gott so verbunden zu sein.

Ich bin sooo dankbar.

Tag 8 und 9
Kelling — Hermannstadt (Sibiu, RO) 68 km, 800 hm

Nach einem wunderbaren und überwältigenden gestrigen Tag fühlen sich die letzten Kilometer unserer Tour wie ein fades „Ausrollen" an. Zunächst über den Berg nach Urwegen, wo wir übernachten. Dann über einen Hügel nach Dobring und zuletzt große Teile auf der alten Nationalstraße nach Hermannstadt.

Nachts noch, als die sonst so belebten Straßen sich längst leeren, sitzen Stefan und ich vor dem Kirchturm der deutschen Kirche auf den Stühlen einer geschlossenen Gastwirtschaft und philosophieren über unsere gemeinsame Radreise und ihre Bedeutung.

Morgen geht's mit dem Flieger zurück nach Hause.

Bist du bereit, deinem Schmerz ins Auge zu sehen?
Planst du gerne alles genau oder bist du eher der spontane Typ, was ist der Grund für deine Vorgehensweise?
Mit welcher Einstellung begegnest du Fremden, welches Bild hast du von Migranten?

15. *KARPATEN* bei Kronstadt (Brașov, RO)

Warum noch über die Karpaten ans Schwarze Meer?

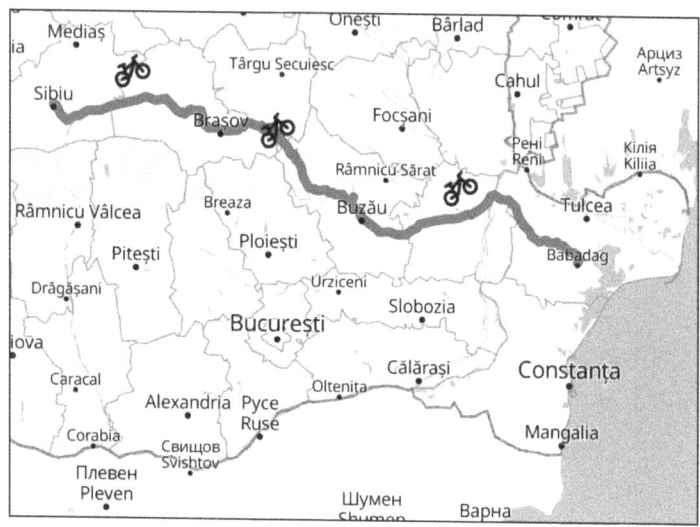

© Printmaps.net / OSM Contributors
Karte 4 Trail over Carpathians 2023

Reisebericht Teil 4 und Fotos auf Instagram

Diese für 2023 geplante Reise ist für mich eine Bonus, nachdem sich mit der Ankunft in meinem Heimatort Kelling der Kreis geschlossen hat. Meinen Reisebericht zu dieser Tour lasse ich dir nach Vollendung gerne per Mail zukommen oder du erhältst ihn, indem du mir auf Instagram @flow.guide folgst. Ich erwarte von dieser Reise große fahrtechnische Herausforderungen und Anstrengungen, vergleichbar mit einer Alpenüberquerung. Die

Karpaten sind bis 2655 m hoch und bilden einen Gebirgszug, den es zu überwinden gilt, wenn ich zusammen mit Freunden das Schwarze Meer erreichen will. Diese Landschaften habe ich noch nie gesehen. Symbolisch gesehen sehe ich einen geheimnisvollen schwarzen Vorhang. Ich weiß nicht, welche Perspektive sich mir dahinter eröffnet. Doch mehr zu diesem Projekt und seiner Bedeutung, wenn es so weit ist.

Welche Träume hast du?
Wann fängst du an, sie in die Tat umzusetzen?

ÜBERSICHTSKARTE

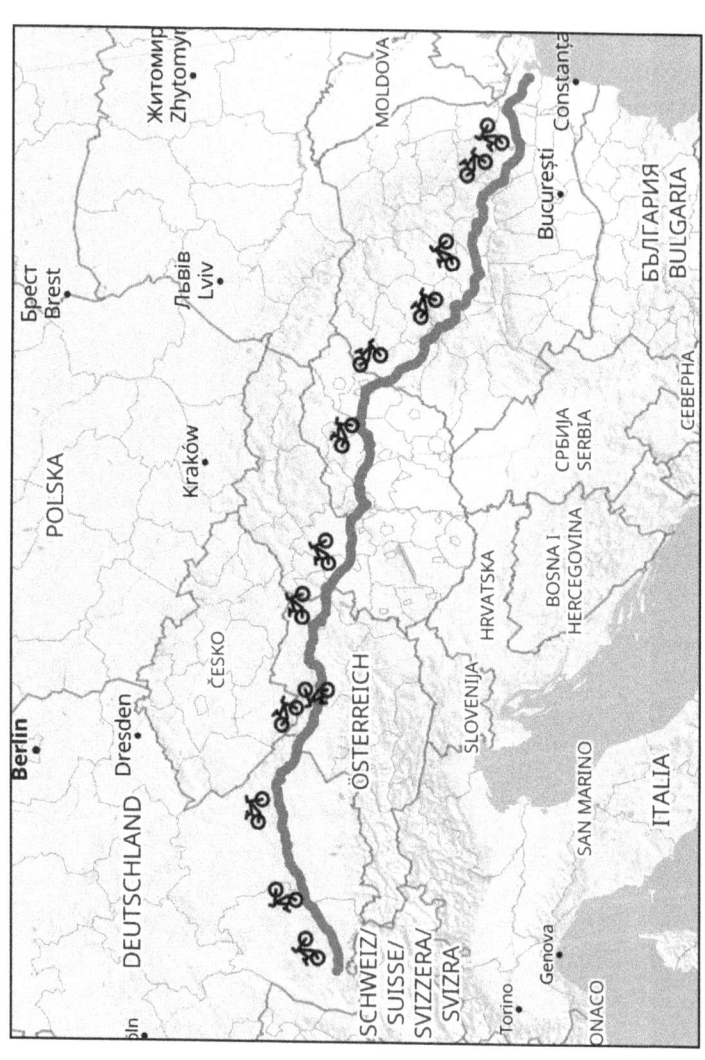

© Printmaps.net / OSM Contributors

Karte 5 Übersicht 2021 – 2023

ERKENNTNISSE

GLAUBE an eine transzendente Kraft ist wertvoll, weil er sinnstiftend ist.

GLAUBE an einen Gott ist Mehrwert, weil diese Kraft durch die Konkretisierung vorstellbarer und nahbar wird.

GLAUBE an einen liebenden, gnädigen und ewigen Gott ist mehr Mehrwert, weil er uns als sein Gegenüber unermesslichen Wert schenkt.

Ich weiß nicht, ich glaube, ich spüre und hoffe. (Christian Krampulz)

Zugegeben, meine Erkenntnisse basieren auf persönlichen Erfahrungen. Dennoch sind sie keineswegs ein individuelles Phänomen und werden deshalb sowohl in der Theologie, der Psychologie als auch in der interdisziplinären Sinndiskussion aufgegriffen.

In meinen Flow-Erlebnissen wurde die göttliche Kraft für mich erlebbar. Da begegneten sich Himmel und Erde, Jenseits und Diesseits im Hier und Jetzt. Ich habe meine Lebensgeschichte mit dir geteilt, um dich auf deinem Weg zu Seelenfrieden, tiefer Freude und Flow zu bestätigen und zu ermutigen. Sozusagen habe ich die Spur zum Flow meines Lebens mit dir geteilt.

Jesus sagt in Lukas 11,10: *„Wer bittet, der bekommt. Wer sucht, der findet. Und wer anklopft, dem wird geöffnet."* Und in Markus 9,23: *„Alles ist möglich, wenn du mir vertraust."*
Das sind herrliche Zusagen und Aussichten, nachdem wir unsere limitierenden und ängstigenden Glaubenssätze erkannt und entlarvt haben. Ich habe gebetet und erhalten, gesucht und gefunden, angeklopft und mir wurde geöffnet.

Einst unvorstellbare Ziele sind Realität geworden. Beispielsweise glaubte ich auch nicht, dass ich einmal ein Buch schreiben würde, als meine Deutschlehrerin mir in der 8. Klasse kaum ausreichende Deutschkenntnisse attestierte.

„Es gibt große Musik, Architektur, Malerei, Dichtung, Drama, Tanz, Philosophie und Religion, damit jeder Beispiele dafür erkennen kann, wie dem Chaos Ordnung auferlegt werden kann." (Mihaly Csikszentmihalyi)

Unordnung, Stress und Angst im eigenen Bewusstsein werden durch Ordnung und Sinnhaftigkeit verhindert. Diesen Prozess habe intensiv durchlebt und profitiere nachhaltig davon. Im Grunde hat auch die Niederschrift dieses Buches wesentlich zu meiner Entwicklung beigetragen, jetzt hoffe ich, dass es auch für dich gewinnbringend war.

Um diesen Weg abzurunden, möchte ich die Aussage von Mihaly Csikszentmihalyi in seinem Buch „Flow, das Geheimnis des Glücks" nach meinem Verständnis zusammenfassen:

Das wohl größte Geheimnis liegt darin, wie wir es schaffen, in dem Problem oder gedanklichen Chaos eine Herausforderung und in der Krise eine Chance zu sehen.

Und es ist sehr hilfreich, eine eigene, intrinsische Motivation für ein Lebensthema zu entwickeln, um rückblickend den roten Faden in unserem Leben zu erkennen. Eine Strategie besteht darin, aus unserer Vergangenheit mit der Bedeutung, die wir ihr geben, eine Ordnung hervorzubringen und ihr einen Sinn zu verleihen. Das ist so ähnlich, wie nach dem Umzugschaos in jedem Zimmer Regale und Schränke aufzubauen und allen Dingen einen Platz zuzuweisen. Erst dann können wir uns wirklich entspannen und nach vorne blicken.

Sei mutig und stelle dich der Vergangenheit, schaffe auf deine persönliche Weise Ordnung und Sinn. Dadurch wird dir die

Wiederholung von Fehlern erspart und du brichst deinen Teufelskreis auf. Damit schaffst du eine solide Grundlage für nachhaltige Vergebung, Befreiung, Heilung und Flow in deinem Leben.

„Wer sich nicht seiner Vergangenheit erinnert, ist verurteilt, sie zu wiederholen" („Those who cannot remember the past are condemned to repeat it"). (George Santayana)

Santayana hat das in einem politisch-gesellschaftlichen Zusammenhang gesagt. Entscheidend ist für mich die persönliche Anwendung. Letztendlich entsteht eine gesellschaftliche Relevanz auch im Herzen einzelner Menschen. Haben wir etwas mit dem Kopf und mit dem Herzen verstanden, folgt die Umsetzung in die Tat, denn der beste Plan nützt bekanntlich nichts, wenn er nicht verwirklicht wird.

Um das Leben als Prozess zu verstehen, verweise ich hier nochmals auf meine Lebenstour und die symbolischen Berge aus der Einleitung des Buches. Zu Beginn war nicht klar, wie an den Bergen mein Leidensdruck in Lebensenergie umgewandelt werden kann. An den Bergen, die wir erklimmen, uns manchmal „hocharbeiten", wandeln wir Bewegungsenergie in Lageenergie um, die uns für die nächste Phase viel Potenzial bietet. Die Phase vor der Ankunft am Gipfel eines Berges ist physisch und mental meist der Zeitpunkt der größten Anstrengung und des größten Schmerzes. Leider verlieren wir im Alltag oft die Hoffnung, bald am Gipfel bzw. am Wendepunkt einer Krise angekommen zu sein. Krisen und Anstrengungen bringen dich auf den nächsten Berg, freue dich auf die Aussicht und die Abfahrt im Flow.

Um gerade in schwierigen Zeiten so gut wie möglich den Überblick zu bewahren, habe ich die unten folgende Entwicklungsschleife mit konkreten Handlungsschritten erstellt. Sie ist so etwas wie eine Kurzanleitung oder ein Fahrplan für mich, den ich mir immer wieder vor Augen halte, wenn ich das Gefühl habe, nicht mehr weiterzukommen. Wir erleben auf unserer Lebenstour viele Entwicklungsprozesse, die sich im schematischen Ablauf sehr ähneln.

Agil nenne ich die Schleife, weil sich das Niveau und die Rahmenbedingungen immer wieder ändern werden. Das Hier und Jetzt ist die Gegenwart, der Moment, in dem wir vom Denken ins Handeln kommen können. Ich hoffe, sie ist dir eine anschauliche und praktische Hilfe.

Agile Entwicklungsschleife

1. Achtsamkeit und Bewusstheit
2. Anhalten und Auszeit nehmen
3. Hinschauen und erkennen
4. Emotionen entdecken, zulassen und aktiv fühlen
5. Blick in die Vergangenheit
6. Dein Inneres Kind erkennen und annehmen lernen
7. Glaubenssätze wahrnehmen und überprüfen
8. Akzeptieren, was war, dankbar werden und Mindset ändern
9. Blick neu ausrichten und neue Entscheidungen treffen
10. Visionieren und Pläne schmieden
11. Komfortzone verlassen, loslassen und vertrauen
12. Fokussieren und Dranbleiben

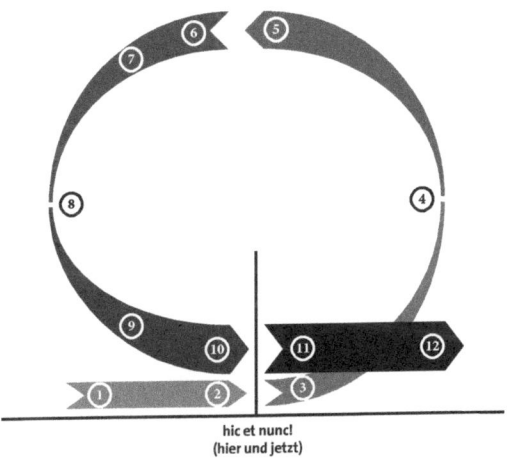

Abb. 7 Agile Entwicklungsschleife

Noch leben wir hier auf der Erde und vieles ist unvollkommen und wird in unserer aktuellen Lebensdimension auch nicht perfekt werden, manches stellt mich immer noch vor große Herausforderungen oder stürzt mich gar in eine Krise. Wenn wir zum Abschluss die Grafiken des Flow-Kanals Abb. 5 und Abb. 7 zusammenführen, so entsteht eine Lebenslinie bei der natürliche Schwankungen, Krisen und Entwicklungsschleifen einbezogen sind.

Durch Achtsamkeit als unser Frühwarnsystem erkennen wir jedoch negative Tendenzen rechtzeitig und können entsprechend der agilen Entwicklungsschleife eine Trendwende einleiten und bleiben zumindest theoretisch dauerhaft innerhalb des Flow-Kanals.

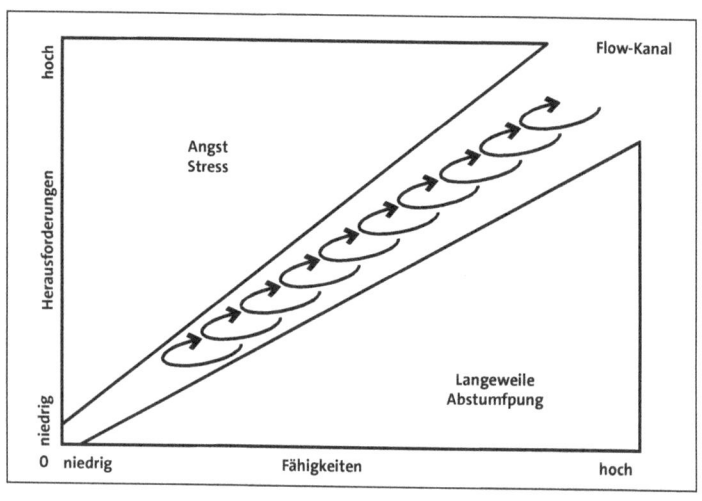

Abb. 8 Entwicklungsschleife im Flow-Kanal

Mir ist wichtig, auf meiner Lebenstour meiner Bestimmung zu folgen und es als gute, motivierende Herausforderung zu begreifen, dabei viel Freude und große Teile im Flow zu erleben. Gerne würde ich einst auf ein erfülltes und sinnhaftes Leben zurückschauen mit dem Gefühl, das Beste aus meinem Leben gemacht zu haben, ohne wichtige Entscheidungen zu bereuen.

Auf dieser Reise werde ich getragen von dem Glauben an Gott, der uns als sein Gegenüber in sein Drehbuch eingebettet hat, und der Hoffnung auf ein wunderbares endloses Leben, das weit über meinen Horizont hinausgeht. Das wünsche ich dir auch.

„Find your flow wherever you go."

Abb. 9 MTB-Gruppe „Col de Kirchberg"

UNSERE BESTIMMUNG

*„**Unsere tiefste Angst** ist nicht, dass wir unzulänglich, unsere tiefste Angst ist, dass wir über die Maßen machtvoll sind. Es ist unser Licht, vor dem wir am meisten erschrecken, nicht unsere Dunkelheit. Wir fragen uns: Wer bin ich, dass ich so brillant, großartig, talentiert, fabelhaft sein sollte? Aber wer bist du denn, dass du es nicht sein solltest?*

Du bist ein Kind Gottes. Dich klein zu halten, dient der Welt nicht. Dich klein zu halten, damit die anderen um dich herum sich nicht unsicher fühlen: das hat nichts mit Erleuchtung zu tun.

Wir sind dazu bestimmt, zu leuchten wie Kinder. Wir sind geboren, um die Größe Gottes, der in uns lebt, zu verwirklichen. Und diese Größe ist nicht nur in einigen von uns, sie ist in jedem Menschen.

Und wenn wir unser Licht leuchten lassen, dann geben wir unbewusst anderen Menschen die Erlaubnis, dasselbe zu tun.

Wenn wir selbst von Angst frei sind, dann sind die anderen durch unser Dasein auch frei.“ (Marianne Williamson)

DANKE AN ...

- meine Frau Daniela für ihre Geduld und das Mittragen dieses Projekts
- meine Kinder Naomi, Noah und Elia für ihr Feedback und ihre Toleranz
- Lektorin Daniela Mertens für wegweisende Hilfen, Anregungen und Ermutigung
- Ingo Pape und Ramazan Güngör für die wichtige Ermutigung im Anfangsstadium dieses Buchprojekts
- Franziska Klein und Rahel Dyck für hilfreiche Tipps
- meine Brüder Andreas und Tobias für ihre Rückmeldungen zum ersten Entwurf
- Stephan Heesen für freundschaftliche Korrekturen
- Clemens Klein für die Überarbeitung der Grafiken
- meine Geschwister für 46 Jahre kostenloses Feedback
- MTB-Freunde für Inspiration, Freundschaft und die gemeinsame Zeit
- Stefan Schüch für seine treue Begleitung und das ehrliche Feedback auf den Reisen.
- meine Eltern für den Glauben, den sie mich gelehrt, die Hoffnung und die Zuversicht, die sie mir vorgelebt haben
- Bettina Stockmayer für das freundliche Korrektorat und die Überarbeitung
- Gerald Hüther, der mir durch seinen Beitrag zur interdisziplinären Sinndiskussion geholfen hat, meine Sinneswahrnehmungen, Emotionen, mein Denken und meinen Glauben in Harmonie zu bringen
- im Gedenken an Mihaly Csikszentmihalyi († Oktober 2021), der mich durch sein Buch motiviert hat, Flow systematisch anzustreben.

ANHANG

Familienliste

Mutter Riesken *1938 und Vater Georg *1932, †2015, 18 Kinder, 52 Enkel, 18 Urenkel

Riesken, *1958, 4 Kinder, 2 Enkel, lebt in Baden-Württemberg

Georg, *1959, †1979

Maria, *1960, 5 Kinder, 9 Enkel, lebt in Hessen

Hans, *1961, 5 Kinder, 4 Enkel, lebt in Baden-Württemberg

Sara, *1962, 5 Kinder, 3 Enkel, lebt in Baden-Württemberg

Michael, *1964, 3 Kinder, lebt im Saarland

Hannah, *1965, 4 Kinder, lebt in Baden-Württemberg

Samuel, *1966, 2 Kinder, lebt in Baden-Württemberg

Elisabeth, *1968, †1968

Daniel, *1969, 2 Kinder, lebt in Bayern

Andreas, *1971, 2 Kinder, lebt in Baden-Württemberg

Thomas, *1972, 6 Kinder, lebt in Niedersachsen

Ruth, *1974, 4 Kinder, lebt in Baden-Württemberg

Esther, *1975, 3 Kinder, lebt in der Schweiz

Christian, *1975, 3 Kinder, lebt in Baden-Württemberg

Tobias, *1977, 2 Kinder, lebt in Baden-Württemberg

Rahel, *1978, 2 Kinder, lebt in Baden-Württemberg

Benjamin, *1980, 1 Kind, lebt in der Schweiz

Falls dich meine Herkunftsfamilie näher interessiert, möchte ich auf das Buch über meine Mutter und unsere Familie von Rose Höfflin verweisen:

„Ohne Pampers und Waschmaschine" Christliche Buchhandlung Wolfgang Bühne, 2013

LITERATUR

Bischoff, Christian, *Bewusstheit*, Ariston, München, 2020

Carnegie, Dale, *Sorge dich nicht – lebe!*, Fischer, Frankfurt am Main, 2008

Chozen Bays, Jan, *Achtsam durch den Tag*, Windpferd, Oberstdorf, 2018

Csikszentmihalyi, Mihaly, *Flow, das Geheimnis des Glücks*, Klett-Cotta, Stuttgart, 2020

Die *Bibel*, Hoffnung für alle (Hfa), aktuelle Onlineversion

Gandhi, Arun, *Wut ist ein Geschenk*, DuMont, Köln, 2019

Hüther, Gerald/Roth, Wolfgang/von Brück, Michael, *Damit das Denken Sinn bekommt*, Herder, Freiburg, 2013

Fynn, *Anna schreibt an Mister Gott*, Heyne, München, 1987

Grün, Anselm, *Herzensruhe*, Herder, Freiburg, 2014

Kreitmeir, Christoph, *Glaube an die Kraft der Gedanken*, Gütersloher Verlagshaus, Gütersloh, 2013

Küstenmacher, Marion und Werner Tiki, *simplify your life*, Campus, Frankfurt am Main, 2004

Leiris, Antoine, *Meinen Hass bekommt ihr nicht*, Blanvalet by Randomhouse, München, 2016

Maslow H., Abraham, *Jeder Mensch ist ein Mystiker*, Peter Hammer Verlag, Wuppertal, 2014

Palverlag Online, https://www.palverlag.de/lebenshilfe-abc/freude.html

Philipp, Harald/Sirch, Simon, *Flow*, Delius Klasing, Bielefeld, 2015

Pollak, Kay, *Sich für die Freude entscheiden*, Irisana, München, 2014

Ruthe, Reinhold, *Die Kunst, trotz allem gelassen zu sein*, Brendow & Sohn, Moers, 2000

Schulz von Thun, Friedemann, *Miteinander reden 3*, Rowohlt, Reinbek, 2008

Strelecky, John, *Das Café am Rande der Welt*, dtv, München, 2007

Stahl, Stefanie, *Das Kind in dir muss Heimat finden*, Kailash, München, 2015

Stilleau-Pallas, Alfred R., *Märchenhafte Freiheit*, Pallas, Höchberg, 2002

Tarr, Irmtraud, *Resonanz als Kraftquelle*, Herder, Freiburg, 2016

Weishäupel, Florian, *Mountainbiken im Flow*, Copress Sport, München, 2015

Wikipedia: https://de.wikipedia.org/wiki/Freude

Wolfers, Melanie, *Trau dich, es ist dein Leben*, bene!, München, 2018

Der Autor Christian Krampulz, geboren 1975 in Siebenbürgen/ Rumänien, wächst in einer 18-köpfigen Familie auf. Zunächst wird er Forstwirt, dann Lehrer für Sport, Technik und Religion. Er ist verheiratet und Vater von drei Kindern. In seiner Freizeit schlüpft er zunächst in die unterschiedlichsten Rollen des Amateurfuß- balls, engagiert sich in der christlichen Kinder- und Jugendarbeit und ist seit 2012 leidenschaftlicher Mountainbiker. 2021 macht er sich schließlich als Flow-Guide nebenberuflich selbstständig. Dieses Buch ist seine erste Veröffentlichung.

Abb. 10 Christian Krampulz   *Foto: Stefan Macinic*

www.flow-guide.net
Komoot: flow-guide | Christian Krampulz
LinkedIn: Christian Krampulz
Instagram: flow.guide